虚拟现实环境下的中小学教学案例丛书
科普教育

丛书主编 李 平
主 编 张 敏 路虹剑
副主编 王 澎

清华大学出版社
北 京

内 容 简 介

本书旨在为中小学从事科学教学、科普教育的人员，包括专业教师、实验员、实验管理人员等提供参考，帮助他们较为全面地了解虚拟现实技术在中小学教育教学中的应用价值、模式，特别是对科普教育的独特价值，指导上述人员科学开展基于虚拟现实的教学活动，创新教学方法，改善教学效果，提升数字化能力。在教学案例设计上，本书按照"教、练、探、考"的思路设计教学案例，以期为一线教师提供全方位的借鉴和参考。

图书在版编目（CIP）数据

虚拟现实环境下的中小学教学案例丛书. 科普教育 / 李平丛书主编；张敏，路虹剑主编. —北京：清华大学出版社，2023.2

ISBN 978-7-302-62720-3

Ⅰ.①虚… Ⅱ.①李… ②张… ③路… Ⅲ.①科学知识－教案（教育）－中小学 Ⅳ.① G633

中国国家版本馆 CIP 数据核字（2023）第 026823 号

责任编辑：冯海燕
封面设计：鞠一村
责任校对：赵琳爽
责任印制：沈 露

出版发行：清华大学出版社

网　　址：http://www.tup.com.cn，http://www.wqbook.com

地　　址：北京清华大学学研大厦 A 座　　邮　编：100084

社 总 机：010-83470000　　邮　购：010-62786544

投稿与读者服务：010-62776969，c-service@tup.tsinghua.edu.cn

质量反馈：010-62772015，zhiliang@tup.tsinghua.edu.cn

印 装 者：涿州汇美亿浓印刷有限公司

经　　销：全国新华书店

开　　本：170mm×240mm　　印　张：14.75　　字　数：252 千字

版　　次：2023 年 4 月第 1 版　　印　次：2023 年 4 月第 1 次印刷

定　　价：65.00 元

产品编号：098254-01

编 委 会

序

推进虚拟现实技术应用　加快落实教育数字化战略

　　党的二十大报告首次把教育、科技、人才进行"三位一体"统筹安排、统一部署，首次将"推进教育数字化"写入报告，是以习近平同志为核心的党中央作出的重大战略部署，赋予了教育在全面建设社会主义现代化国家中新的使命任务，明确了教育数字化未来发展的行动纲领，具有重大意义。

　　数字化已成为新一轮科技革命和产业变革的重要驱动力量和增长引擎。国家"十四五"规划纲要明确提出"加快数字化发展，建设数字中国"的目标。虚拟现实是新一代信息技术的重要前沿方向，是数字经济的重大前瞻领域。2022 年 11 月工信部、教育部等五部门联合发布《虚拟现实与行业应用融合发展行动计划（2022—2026 年）》，提出加快虚拟现实与行业应用融合发展，虚拟现实技术助力数字教育的序幕已经拉开。如在高等教育和职业教育领域，虚拟仿真实验教学已经成为加强实践教学、提高教学质量的重要手段，成为传统实验教学的一种有效的补充。虚拟仿真实验教学依托虚拟现实、多媒体、人机交互、数据库和网络通信等技术，构建高度仿真的虚拟实验环境和实验对象，延伸实验教学时间和空间，动态更新实验场景和实验资源，有效地解决了目前实验教学中"进不去、看不见、动不了、难再现"的难题，达到优化教育资源、有效提高教学质量的目的。

　　多年来，我始终在关注和参与虚拟仿真实验教学相关工作。2013 年，在教育部高教司任职期间，我作为主要发起人之一提出了建设虚拟仿真实验教学示范中心的思路，推动国家级虚拟仿真实验教学中心建设工作，首次在国家政策层面上对推进虚拟仿真实验教学工作进行了统一部署。2017年起，依托原教育部教育装备研究与发展中心虚拟现实教育应用研究院，搭建高校教师学术交流平台，为虚拟仿真实验教学的可持续发展做好基础性研究。2018年至2021年，作为教育部滇西扶贫干部总队长，我到云南省大理州任挂职副州长，期间先后承担了两项教育部定点联系滇西专项课题，通过深入开展调查研究，组织教学实践，引进北京等地的专家资源、课程资源和技术资源，探索以虚拟现实技术提升当地中小学的实验教学水平，助力教育创新发展的新路径。我欣喜地看到，虚拟现实技术在丰富教学资源、改善实验教学模式、提升实验教学水平、发挥学生的主动性等方面取得了良好成效，有利于学生自由探索，激发学生的兴趣与潜能，培养学生的创新思维和能力。

在长期的实践研究中，我发现，面对教育数字化过程中的新生事物，一线教师还没有完全做好准备，教师的数字化素养和能力还有所欠缺。如何帮助教师更好地利用虚拟现实技术开展教学呢？我认为要解决以下三个方面的问题。

（1）资源方面：虚拟现实课程资源必须是一种"活"的数字资源，将过去"只可意会"的虚拟物品、复杂现象和抽象概念清晰呈现，通过情境化、个性化教学，推动教学模式向自主体验升级。在课程资源选择上，要坚持"虚实结合、相互补充、能实不虚"的原则，形成虚拟资源与真实世界的联结互动。在教学设计上，更要关注学生思维层面的训练，采用逐层递进的方式开展资源建设，由易到难地引导学生展开探究。在资源体系上，将虚拟现实技术与多种学科融合，形成体系化课程资源，拓展课程的深度和广度，满足多元化教学需求。

（2）设备方面：虚拟现实设备必须支持多种交互方式，提供更加真实的沉浸感，教师可以指导学生在虚拟世界中轻松地完成双手协同操作、空间位移、观察环境等相对复杂的动作。虚拟现实设备要足够轻便、易于携带，为学生提供更加友好的佩戴体验，避免学生在长时间佩戴后产生压力和憋闷感。虚拟现实设备的性价比要合理，以便在一定的经费条件下尽量满足学生人手一套设备的要求。

（3）环境方面：虚拟现实教学环境需要进行软硬件一体化的整体设计。虚拟现实功能教室中要配备教学管理系统，方便教师调动教学资源、掌握课堂节奏、开展课后评价，通过虚实之间的有效过渡，解决学生使用虚拟现实设备之后的"割裂感"。对区县以上教育部门，虚拟现实教学环境还应包含以教学管理平台为核心的教育元宇宙教学管理中心，实现区域教学管理、设备应用情况统计以及课程资源更新等功能。

　　为了将上述认识转化为指导教师开展教学实践的具体方法，我基于教育部发展规划司专项课题"滇西中小学实验教学信息化实践"、全国教育科学"十三五"规划课题"基于现代教育装备的教育教学协同创新应用研究"的研究成果，主编了本套丛书。丛书共分四册：《科普教育》《中学物理》《中学化学》和《中学生物》。每个分册按照理论研究篇、教学实践案例篇和教学环境篇进行编写，既有系统的理论探讨，又有具体的操作指导。这套丛书对于帮助教师系统掌握虚拟现实技术的基本理论，灵活掌握虚拟现实技术在教学中的应用方法，成为拥抱教育数字化转型的行家里手具有实际价值和意义。在教学案例设计上，丛书按照"教、练、探、考"的思路设计教学案例，以期为一线教师提供全方位的借鉴和参考。

　　本书是第一本系统阐释虚拟现实技术在中小学多个学科教学应用的专著，内容具有创新性，特别是系统设计了多学科的教学案例，在国内外属于首创。目前，在教学过程中应用虚拟现实技术愈加广泛，丛书的出版发行只是对一个阶段性成果的汇集和整理。丛书的编撰凝聚了众多研究人员和一线教师的智慧与经验，感谢各位专家和教师的辛勤付出。

李平

2022 年 1 月

目　录

第一篇

虚拟现实技术在中小学科普教育中的应用理论研究

第1章 虚拟现实技术在中小学科普教育中的应用现状

1.1 信息技术促进科普教育的发展

科学技术普及简称科普，是指利用各种传媒以浅显易懂的方式，让公众接受自然科学、社会科学等的活动，具有传播科学思想、推广科学技术应用、弘扬科学精神的作用。中小学科普教育的对象是广大青少年。加强对青少年的科学技术普及，培养他们对科学技术的兴趣和爱好，增强其创新精神和实践能力，引导他们树立科学思想、科学态度，帮助他们确立正确的科学观、人生观和世界观，是一项重要的国民素质塑造工程，是保障"科教兴国"与"人才强国"战略顺利实施、奠定实现中华民族伟大复兴人力资源基础的长期战略性工程，具有重大和长远的意义。

按照科普教育发生的场所来分，传统科普教育主要包括校内教育和校外教育两种模式。校内教育以中小学校为主体，学校通过组织各种科技类选修课、活动课、科技兴趣小组及科学俱乐部、科技节的形式，开展各种学习、研究和探索活动。校外教育主要以科技馆、自然博物馆、天文馆、地质馆、水族馆、标本馆等主题场馆为载体，将实物陈列在室内，供公众特别是中小学生进入场馆参观学习。随着科学技术的进步，科普教育的活动形式不断拓展。在校园里，教师从早期的指导学生阅读科技书刊，组织科技专题讨论会，开展种植养殖、科技制作、发明创造等以实物为载体的活动，逐渐增加了带领学生收听、收看广播电视的科技节目，放映科技电影、网络视频，开展课题研究、科技竞赛等丰富多样的活动。在这些活动中，计算机、机器人、3D打印机、编程积木等信息化、智能化教学工具的运用也越来越广泛。另一方面，科技馆、博物馆除实物展示外，也开始更多地运用声光电、计算机软硬件、机电一体化和多媒体等技术进行有效的科普展示。为了扩大受众范围，不少场馆还将展览搬到线上，即依据实体博物馆或科技馆，将实体资源进行数字化转化，通过文字、图片、动画等二维的网页信息呈现。

　　以计算机、互联网等为代表的信息技术的传播优势对科普教育产生了重要影响。"互联网＋"变革了科普教育的模式和手段，信息技术推动下科普教育新模式能够跨越时间、空间等差异，移动的、泛在的、碎片的科普教育形式极大提升了科普教育的效果。具体表现在：第一，提高科学传播速度，拓展传播空间。全球化传播网络使人们真正跨越了时空的阻隔，大大扩展了科学传播的层面和广度。第二，丰富表现形式，增加表达手段。青少年科普教育活动的一个难点在于如何将抽象无味的科学知识传播给受众。文字、图片、音频、视频、Flash 动画、光电特效等多媒体、多感官通道传播的特性，有利于营造生动的环境，让科学知识、技术、工程等内容以更加真实、近距离、可感知的形象展示出来，更容易激发受众对科技的兴趣。第三，带来公众接受科普教育的便捷化与低成本。相比报纸、广播、电视等传统媒体，计算机、手机、电子播放器等各种移动终端都为迅捷、实时传播与接收科普知识提供了便利条件。但是，科普教育仍存在沉浸感薄弱、知识传输方式单一、交互性不足等问题，一般来说，受众还是只能单向地、被动地接受信息，或者只有简单的体验和操作，不能对学习和体验结果进行有效反馈，不利于启发学生进行主动探索和交互。

1.2　虚拟现实技术在科普教育中的价值和技术实现路径

　　虚拟现实技术为科普教育带来了一次新的变革，成为继上述网络传播手段后的又一次重要飞跃。虚拟现实（virtual reality，VR）是利用计算机模拟产生一个三维空间的虚拟世界，提供使用者关于视觉、听觉、触觉等感官的模拟，让使用者如同身临其境一般，可以及时、没有限制地观察三维空间内的事物，是一项综合集成技术，涉及计算机图形学、人机交互技术、传感技术、人工智能等领域。它用计算机生成逼真的视觉、听觉、触觉和嗅觉，使人作为参与者通过适当装置，自然地对虚拟世界进行体验和交互作用。虚拟现实中的"现实"可以泛指在物理意义上或功能意义上存在于世界上的任何事物或环境，它可以是现实世界的映射，实际上可实现的，也可以是实际上难以或根本无法实现的完全虚构的世界。目前，虚拟现实技术已广泛应用于航空航天、医学实习、建筑设计、军事训练、体育训练，娱乐游戏等许多领域。虚拟现实技术所具备的交互性（interactivity）、沉浸感（immersion）和构想性（imagination）

特点令其在科普教育中具有显著的优势。首先，虚拟现实技术通过打破现实世界中各种条件的限制来构建科普场景，从而大大拓展科普教育的范畴。从承载内容上，虚拟现实科普内容可以分为模拟现实型、超越现实型和纯粹虚拟型。模拟现实型，顾名思义，是模拟现实环境中已存在的事物，用户可以虚拟体验真实的效果。目前这种类型的虚拟现实应用最为广泛，如全景旅游景点体验，模拟自然灾害，模拟飞行驾驶等。超越现实型则是在真实环境的基础上，加入人体平时无法感知的事物，可以充分发挥人的认知能力和探索能力。例如虚拟太空港项目，用户可以体验虚拟发射、太空漫步等太空活动。纯粹虚拟型则充分利用了虚拟现实技术的构想性特征，充分发挥人类的想象力和创造力，在虚拟空间中创造现实世界中不存在的情境，满足人们的好奇心和无限想象，如再现神话故事、童话故事、历史事件等。此外，传统的科技馆、影音制品等科普模式内容更新缓慢，内容陈旧。虚拟现实技术可以最大化地利用网络平台实时地、快速便捷地更新内容，极大地增强了科普教育知识的前沿性、准确性和及时性。其次，借助于一些三维传感设备——3D眼镜、VR头盔、数据手套、三维轨迹球等，人能够进入由计算机模拟的"真实情境"的特定环境之中。虚拟现实技术所生成的逼真的视觉、听觉、触觉和嗅觉等感觉世界，使人们可以用更为自然的方式与虚拟世界中的事物进行交互。这种全新的观察方式使观察者能获得良好的人机交互性和用户体验性，它可以充分挖掘人们的创造思维能力，使学习者在自己所创造的虚拟世界中将自己的科学幻想付诸实现。这尤其适合开发青少年的科学想象力，扩展他们的思维空间，培养他们对科学的兴趣。

从实现路径来说，基于虚拟现实的科普场景制作主要包括以下步骤。

（1）虚拟科普资源脚本设计。围绕科普教育的教学需求，明确虚拟科普资源的选题。在选题确定后，开展具体的虚拟资源脚本设计，脚本包含使用该资源想要达到的教学目的、虚拟情境、虚拟资源内容、教学策略、体验/操作流程和教学评价六部分。

（2）软件实现。该阶段主要包含：①建模。建模是建立三维场景的基础工作，把场景中需要的模型用相应的虚拟现实开发引擎（如Unity 3D）建立起来。②材质贴图。材质贴图是为了更好地模拟真实世界的物体。模型是物体的几何结构，加上材质贴图可以更好地表现物体的物理属性和表面特征。③动画。在需要模拟真实世界物体运动的情形下，需要用动画来做。一般用关键帧动画来模拟物体运动。此外，还有摄影机位置移动形成的动画，主要是为了达到预想的镜头效果。④灯光渲染。灯光和渲染可以增强真实感，美化画面效果。⑤程序开发。在虚拟现实制作软件中驱动场景，实现互动。主要通过虚拟现实软件来驱动场景和模型，添加事情触发点，实现整个场景的实时互动。通过程序实现操纵可信度，即用户对被实验对象实施操作和控制的信任程度。

（3）教学实践与资源迭代。教师使用虚拟科普资源进行教学实践，不断优化教学环节，并进行资源迭代。

由此可见，虚拟现实科普资源的开发是一个较为复杂，专业性很强的工作。

从呈现方式上来说，要把虚拟现实科普场景展示出来，还需要配置前面提到的 VR 头盔、数据手套等硬件设备，这类设备往往本身价格昂贵，且维护成本很高。

1.3　虚拟现实科普教育的类型和典型应用

由于技术难度较高、发展起步较晚、设备造价较高，虚拟现实作为新兴科普教育手段主要在各类校外科技场馆应用，中小学校采购虚拟现实系统开展科普教育的还比较少。因此，下文将主要介绍科技馆与虚拟现实技术结合的情况。

总的来说，基于数字科技馆的在线虚拟现实体验和基于情境式科教的虚拟现实内容传播是当前科技馆与虚拟现实技术融合的两大方向。基于数字科技馆的在线虚拟现实体验（简称虚拟数字科技馆）以科技馆的线上内容建设为基础，利用虚拟现实的临场性，力求在线还原科技馆的原貌。可以简单理解为原有线上展览的升级。基于情境式科教的虚拟现实内容传播（简称沉浸式虚拟现实科技馆）则是将虚拟现实设备放置到科技馆中去，使用虚拟现实设备代替传统科技馆中的展品实现科技馆的展教功能。在线虚拟科普场馆与实体虚拟场馆相比，虚拟科普场馆成本相对较低，迁移性好。缺点是受众一般只能被动接受信息，缺乏身临其境的沉浸感，交互性与操作性不足。

早些年，国内科技馆对虚拟现实技术的应用主要集中在科技馆展品内容的在线展示上。从 2007 年开始设计的中国科技馆网站上的虚拟漫游功能模块，就是依据场馆的真实场景，利用三维建模技术构建了科技馆的虚拟情境。观众通过互联网上的沉浸演示就可以实现在"真实的场景影像"中随意漫游的效果，观众也可以利用 Flash 技术和人体手势识别系统进行非接触式的虚拟交互方式，根据观众自己的视角通过鼠标进行上下、左右的移动，观众的观察点和观察方向可以不受限制，随意转变，从而对"华夏之光""探索与发现""科技与生活""挑战与未来"和"科学乐园"5个展厅场景进行360°视角的虚拟漫游。

中国数字科技馆是科普教育信息化工作的先行者。2015年年底,中国数字科技馆开始利用全景拍摄技术和虚拟现实技术建设"生命与科学""宇宙航空航天""数学""应急避险""工程""机器人""新能源""新材料"等领域的虚拟现实漫游系统。截至2016年,中国数字科技已建成全视角的虚拟现实科普微场景17个,公众可以通过手机下载相应的App,用"手机+虚拟现实眼镜"进行离线观看;也可以通过手机扫码在线观看。此外,中国数字科技馆还建设了虚拟现实直播平台,可以对实体科普场馆的科普活动、实验、讲座等进行在线直播,让不在现场的各地用户都能有身临其境的参与感,能极大拓展实体场馆各类科普活动的受众,促进科普资源的普惠、共享。2015年年末,中国数字科技馆拓展思路,利用互联网技术和自动控制技术,对中国科技馆展品进行改造,创新性地开发出能通过互联网远程操控、实时互动的科技馆展品。这种远程实时互动展品的实现为实体馆的科普展品与互联网技术相结合提供了新方案,为开发科普教育新形式、优化科普体验提供了新思路。通过打造7×24h的科普展览平台,中国科技馆很好地解决了时间和空间的限制,让公众足不出户即可享受到实体科技场馆的优质科普资源。截至2021年10月,中国数字科技馆网站已经实现全国137家虚拟科技馆、229个移动VR科技馆的在线展示。2017年,大英博物馆与虚拟现实企业合作,推出了Web VR体验。得益于数字技术的应用,打造"永不闭馆"的在线虚拟科技馆已经成为现实。

此外,除了专门从事科普工作的单位外,一些学校、企业和社会机构也把自身已有的虚拟现实资源用于科普教育,成为在数字科普资源的重要来源。如北京科技大学利用国家级虚拟仿真实验教学课程"钢铁生产全流程"教学平台开展科普服务功能,为本校外国语学院翻译硕士研究生开设了钢铁生产通识课程,支持北京科技大学附属小学、育英学校、北京八中等中小学学生开展"钢铁是怎样炼成的"科普教育活动。

近年来,沉浸式虚拟现实系统在科技馆中的应用快速增加。《中国科协科普发展规划(2016—2020年)》指出应创新科普的表达方式,设计有趣有意有用的科普产品;要加快各级各类科普场馆的建立,推动虚拟现实科技馆、博物馆的研发。中国科技馆早在2000年二期新馆建设时就应用虚拟现实技术构建了一座六自由度的飞船舱体,该设备可为观众提供在飞船内飞行的航天体验。此后,很多省市的科技馆都设置了汽车驾驶模拟体验、飞机飞行体验等项目。上海科技馆运用虚拟现实技术开发的展项展品多达40余项,包含模拟地震平

第二篇

创设情境类案例研究

第 3 章　探秘火箭发射

3.1　教学背景分析

　　人类的祖先很早就有遨游太空的梦想，这个梦想在巨大的火箭成功冲出地球大气层时才变成了现实。火箭点燃后，热气流高速向后喷出产生的强大的反作用力，将运载火箭托起升入太空。运载火箭按预先设计将飞船送入预定轨道，人们开启太空探测之旅。火箭是运送飞船或其他飞行器的"超级梯子"，被人们称为"通天梯"。

　　传统教学中，教师只能展示有关火箭发射的图片或视频，对小学生来说，这种方式缺乏真实的情境体验，不容易激发学生的学习兴趣。"火箭发射原理"虚拟现实教学资源使学生沉浸在火箭发射现场的情境体验中，他们既可以当工程师组装火箭，还可以当指挥员指挥火箭发射。通过"火箭发射原理"虚拟现实教学资源，教师引导学生像科学家那样观察、思考和研究火箭的发射过程，认识其中蕴含的科学技术和科学原理，掌握人类"飞天"的秘密。

3.2　本课虚拟现实教学资源特色

"火箭发射原理"虚拟现实教学资源包含 4 个模块

1. 火箭展示	该模块中有完整的长征二号 F 火箭（以下简称"长二 F 火箭"）模型，学生可以近距离观察、学习长二 F 火箭的结构组成和各组件功能。
2. 火箭发射原理	在该模块，学生可以学习长二 F 火箭发射操作过程和发射原理。
3. 火箭组装	在该模块，学生可以亲自动手，尝试运用多种组件完成长二 F 火箭的组装过程。
4. 火箭发射	在该模块，学生可以扮演长二 F 火箭发射总指挥，指挥长二 F 火箭发射操作全程。

　　本资源适用于小学六年级教学。

26

3.2.1　火箭展示

在"火箭展示"模块中，借助图片、文字和语音讲解，学生可以近距离观察长二 F 火箭，了解助推器等各箭体结构及其功能，如图 3-1 所示。

3.2.2　火箭发射原理

在"火箭发射原理"模块中，借助文字介绍和动画演示，学生可以学习完整的长二 F 火箭发射操作过程，包含点火、起飞、逃逸塔分离、助推器分离、一级火箭分离、整流罩分离、箭船分离等，并掌握上述步骤涉及的物理原理，如图 3-2 所示。

图 3-1　火箭"助推器"

图 3-2　火箭发射原理

3.2.3　火箭组装

在"火箭组装"模块中，学生可以按照顺序，从下到上依次选择长二 F 火箭组件，自己动手组装长二 F 火箭，如图 3-3 所示。

如果学生的组装顺序不正确，系统会给出提示，如图 3-4 所示。

图 3-3　组装长二 F 火箭

图 3-4　系统提示

3.2.4 火箭发射

在"火箭发射"模块中，学生可以扮演长二F火箭发射总指挥，指挥长二F火箭发射。学生还可以体验随飞船遨游太空。

首先下达火箭点火倒计时口令，如图3-5所示。接下来在长二F火箭点火升空的过程中，学生逐级选择脱落组件。按照逃逸塔分离（见图3-6）、助推器分离等顺序完成长二F火箭发射。飞船进入太空，如图3-7所示。

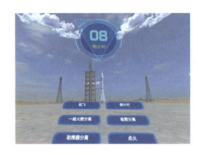

图 3-5　火箭点火倒计时

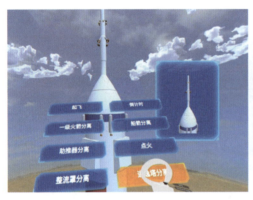

图 3-6　逃逸塔分离

图 3-7　飞船进入太空

3.3　教学设计

3.3.1　教学目标

1. 科学观念

了解火箭的构造和发射原理。

2. 科学思维

在探秘火箭发射过程中培养发散性思维和创新能力。

3. 探究实践

在探究火箭发射原理的问题时，要明确自己的观点。运用虚拟现实技术，为证实自己的观点寻找证据、形成科学的结论。

4. 责任态度

在探秘火箭发射的各个环节，要大胆提问、质疑，尊重事实，体会思维创新的乐趣，感受科学技术在科学研究中的作用。

3.3.2 教学活动设计

1. 情境导入，聚焦问题

观看长征二 F 号火箭发射视频，提出问题。

（1）学生观看长二 F 火箭发射视频，培养学习兴趣，提出并聚焦科学问题。

教师引导：人类的祖先很早就有遨游太空的梦想，当巨大的火箭成功冲出地球大气层时，这个梦想才变成了现实。我们一起观看长二 F 火箭发射视频。

学生活动：观看长二 F 火箭发射视频。

（2）教师引导学生分小组交流讨论。

教师引导：关于火箭发射，你有什么问题吗？

学生交流讨论后，提出的问题可能有：火箭为什么能够飞上天空？为什么火箭尾部向下喷气，火箭却向上飞？火箭由哪几部分组成？

针对"火箭为什么能够飞上天空"，学生可能这样回答：火箭之所以能飞上天空，是因为燃料燃烧过程中产生大量的高压气体，高压气体从发动机喷管向后高速喷出，推动火箭向反方向前进。

教师引导学生梳理问题，小组对感兴趣的问题进行交流并汇报。

> **环节解析**
>
> 聚焦问题，培养学生的学习兴趣，培养科学思维。科学学习始于问题，没有问题就无法引发学生的思考。教师用长二 F 火箭发射视频创设有趣的、符合学生认知特点的教学情境，从核心概念出发，提出适当的科学问题，激发学生的好奇心和求知欲，设置认知冲突，让学生逐渐聚焦问题，引发思考。

2. 实验探究，解决问题

设计实验，验证长二 F 火箭的飞行运动方式。

（1）设计实验，验证猜想

① 教师引导学生交流：长二 F 火箭推进剂在发动机燃烧室里燃烧，产生大量高压气体，高压气体从发动机喷管向后高速喷出，推动火箭向反方向前进。

教师出示气球，组织学生小组讨论：我们能用身边的物品来验证你的想法吗？大家讨论一下，怎么验证呢？

学生交流方法：先吹气球，然后松手，看气球会怎样运动？

② 教师组织学生猜想：气球会发生什么现象呢？

学生提出猜想：气球会跑、气球会飞起来、喷气的时候还会有声音。

③ 教师组织学生验证猜想：我们一起做实验来验证想法是否正确。让我们一起"玩一玩"气球吧。在"玩"之前，听清楚"玩"的三点要求：第一，把气球吹胀，气球口儿对着手掌，捏紧气球口儿的手慢慢放松，感觉从气球里喷出的气体。第二，把气球吹足气，边吹边试，不能超过气球的极限，也不能吹气太少，同学们要注意安全。第三，松开捏紧气球口儿的手，注意观察气球有什么变化。学生分组"玩气球"，验证猜想，并发表自己的想法。

④ 教师组织学生讨论：你在"玩气球"时，气球是怎样运动的，为什么它会动起来？你能用箭头和图示把这种现象画出来吗？气球的运动方向和什么有关？

学生分小组汇报：

把气球吹足气，松开手，气球里的气体从气球口儿向后喷，推动气球向前运动。

气球运动方向和气体喷出方向有关。

如果把气球横着放，气体向左喷出，气球向右运动。

学生讨论发现：气球里的气体喷出时，会产生一个与喷出方向相反的推力，喷气方向和气球运动方向相反。

环节解析

学生利用气球证实自己的想法，这样能激发他们的学习兴趣。在实验过程中，学生仔细观察气球的变化过程并将观察的结果记录下来，从气球实验中类比推理火箭为什么能飞上天空的原理。

（2）利用虚拟现实教学资源再次验证

① 教师引导学生讨论：同学们刚才用气球做了实验，可以进一步推测火箭发动机点火以后，推进剂在发动机燃烧室里燃烧，产生大量高压气体，高压气体从发动机喷管高速向后喷出，使火箭沿气体喷射的反方向往上前进。大家一

定想体验真实的火箭发射过程。

　　② 教师指导学生佩戴好虚拟现实设备，并指导学生如何操作。学生点击左侧手柄进入控制面板，主界面有火箭展示、火箭发射原理、火箭组装、火箭发射四个功能模块。

　　③ 学生进入"火箭展示"虚拟情境，了解火箭的构造。学生按下手柄按钮，点击火箭的相关组件，就会看见该组件的文字介绍。教师引导学生认真观看，记清楚火箭的结构和组成，以便后面顺利完成火箭发射和组装的任务。

　　④ 教师引导学生进入"火箭发射"虚拟情境，进一步验证设想。学生在体验火箭发射操作全程后，得出的结论是：火箭发动机点火以后，推进剂在发动机燃烧室里燃烧，产生大量高压气体，高压气体从发动机喷管向后高速喷出，对火箭产生反作用力，使火箭沿气体喷射的反方向前进。

　　（3）教师引导学生按顺序完成火箭组装，并执行火箭发射任务

　　利用虚拟现实教学资源，学生认识了长二 F 火箭结构和组成组件，根据这些知识，学生按顺序组装长二 F 火箭，并执行火箭发射任务，下达点火指令，体验火箭发射的全过程。

　　（4）教师小结

　　通过体验长二 F 火箭发射虚拟情境，学生知道火箭是如何飞上天空并完成运送航天器的任务。

环节解析

　　科学探究过程是基于证据进行推理、论证的过程，学生将在火箭发射虚拟情境中观察、搜集到的火箭发射的信息转化为科学证据，基于证据进行论证，将证据和火箭发射原理的科学结论联系起来，运用证据解释现象，提升学生科学思维水平。

　　（5）学生搭建

　　学生可以在"火箭组装"模块中自己动手搭建火箭，从下到上选择火箭组件，按照指定顺序完成火箭组装。如果顺序不正确，系统会给出提示。学生不了解搭建的正确顺序，可以选择面板上的提示功能，获取提示。接下来学生进入"火箭发射"功能模块，扮演指挥员，按照一定的顺序完成火箭发射操作全过程。通过虚拟情境中火箭发射，学生进一步证实自己的猜想，对作用力和反作用力的关系有了深层次的理解。学生通过学习单交流分享学习成果，归纳火箭发射的原理，呈

现思维发展变化的过程，结合所学，解决生活问题，实现高效自主学习。

3. 拓展延伸，解决问题

（1）引导学生用所学来解决生活问题

教师引导学生交流讨论：生活中还有哪些现象体现了本节课学习的火箭发射原理？

学生小组交流讨论：喷气式飞机、放烟花、乌贼的运动等。学生运用本节课所学的作用力与反作用力的关系来解释这些现象。

环节解析

　　问题解决能力是学生需要具备的重要能力之一。在"探秘火箭发射"教学中，学生也需要解决问题。学生提出火箭推进方式的猜想，利用实物设计实验进行初步验证，以气球喷气现象类比推理火箭发射原理。要想进一步验证自己的猜想，最好能观察真实的火箭发射过程，他们沉浸在火箭发射虚拟现实教学资源中，打破了空间和时间约束，体验火箭发射过程，再次验证猜想并得出结论。

（2）围绕如何回收火箭发射过程中分离的组件，展开讨论

教师引导学生拓展延伸：运载火箭质量大，其中燃料占 90% 左右。为确保有效载荷到达指定轨道，运载火箭在飞行过程中要不断分离组件，分离的组件我们如何回收？

学生分组讨论，交流汇报。

学生围绕分离组件的回收发表自己的看法。他们认为残骸可能有两种处理途径：一是掉落在地表，相关部门到达预测的残骸坠落地区域进行专业回收，并对当地环境进行评估，以确定残骸不会对周围环境造成不良影响。二是直接在大气层燃烧，很多火箭残骸都在大气层的摩擦作用中燃烧殆尽，以最大限度地减少残骸坠地后可能造成的影响。

环节解析

　　围绕本节课的核心问题开展拓展应用活动，在建构概念和迁移应用的过程中，引导学生运用本课所学原理和知识解释更多生活现象，帮助他们对概念加深理解和应用。通过"火箭在飞行过程中的分离组件如何回收"这一拓展问题，激发学生研究火箭发射相关知识的热情，促使他们的研究超越课堂。

3.3.3　学案设计

<table>
<tr><td colspan="2" align="center">探秘火箭发射</td></tr>
<tr><td rowspan="3">聚焦问题</td><td>火箭为什么能够飞上天空？</td></tr>
<tr><td>（1）提出猜想</td></tr>
<tr><td>（2）验证猜想</td></tr>
<tr><td colspan="2">用气球设计验证实验，并记录你的实验。</td></tr>
<tr><td colspan="2">利用虚拟现实教学资源，认识火箭的结构和组成。</td></tr>
</table>

任务 1：学习火箭的结构和组件，进一步了解每部分的功能。填写组件的作用。

名称	作用	名称	作用
助推器		整流罩	
一级火箭		逃逸塔	

利用虚拟现实教学资源，组装长二 F 火箭，并体验发射过程，二次验证猜想。

任务 2：根据课程讲解，按顺序组装长二 F 火箭，并执行火箭发射任务，下达各种指令，体验火箭发射全过程。

 **科学解释**

火箭为什么能发射升空？

火箭推进原理是牛顿第三定律：**作用力和反作用力大小相等，方向相反。**火箭发动机点火以后，推进剂在发动机燃烧室里燃烧，产生大量高压气体，高压气体从发动机喷管高速向后喷出，对火箭产生反作用力，使火箭沿气体喷射的反方向前进。

拓展与反思

运载火箭质量大，其中燃料占 90% 左右。为确保有效载荷到达指定轨道，运载火箭飞行过程中要不断减少组件，那么我们如何回收分离的组件？写一写你的想法吧。

第 4 章　木本植物多样性野外调查

4.1　教学背景分析

　　地球上的动物、植物、微生物等都是生物资源，生物种类的多样性是指一定区域内生物种类的丰富性。进行野外植物考察能够帮助学生认识生物种类的多样性，了解不同类型植物的特征。"木本植物多样性野外调查"虚拟现实教学资源可以让学生对虚拟情境中的木本植物进行沉浸式观察，认识多种木本植物，并结合不同木本植物的特点进行分类、搜索，了解木本植物的多样性，感受千姿百态的生物及其生命活动构成的生机盎然的大自然。

4.2　本课虚拟现实教学资源特色

"木本植物多样性野外调查"虚拟现实教学资源包含 2 个模块

1. 学习木本植物相关知识	在该模块中，学生可以学习多种木本植物的名称、外形、习性等。
2. 查看地图	在该模块中，学生可以进行野外漫游，调查木本植物多样性。

　　本资源适用于小学三、四年级教学。

4.2.1　学习木本植物相关知识

　　在这个模块中，学生可以选择马尾松（见图 4-1）、鸡蛋花等木本植物，学习植物的相关知识，包括名称、外形、习性等。

图 4-1　马尾松介绍

4.2.2　查看地图

在这个模块中，园区划分成为多个区域，如雨林区、平原区、戈壁区等，学生可以通过地图查看自己的位置坐标（见图4-2）和木本植物坐标。

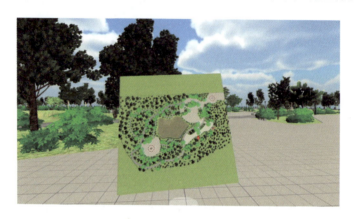

图4-2　查看位置坐标

4.3　教学设计

4.3.1　教学目标

1. 科学观念

（1）通过对虚拟情境中植物的调查，能够辨别常见的木本植物，并描述其特征。

（2）体会植物的多样性，理解保护生物多样性的意义。

（3）认识分类是生物学研究的基本方法，能对植物进行简单分类。

2. 科学思维

（1）通过观察植物，归纳其特征，并根据一定标准或自定标准对植物进行分类。

（2）分析不同环境下植物的特点，认识到生物结构与功能相适应，发展比较与分类、分析与综合等思维能力。

3. 探究实践

通过对木本植物的调查，锻炼学生提出问题、分析问题、设计方案、细致记录、交流倾听等能力。

4. 态度责任

能在好奇心的驱动下利用虚拟情境技术，积极主动地探索木本植物的多样性；能够细心观察并记录植物的特点，乐于表达对植物的认识，并倾听他人的观点；能够欣赏大自然的生物多样性，感受其美好。

4.3.2 教学活动设计

1. 游戏导入，激发兴趣

游戏名称："辨认植物"游戏。

教师出示多种植物图片（狗尾草、杨树等），给出游戏任务，让学生以小组为单位观察植物，并写出其名称。最快完成任务的小组获得胜利。

游戏完成后，教师带领学生回忆木本植物和草本植物的特征，让学生根据木本植物和草本植物的特征再次进行分类。学生完成分类后，教师再次提高难度，让学生自己指定分类依据，给其中的木本植物分类。学生分类的依据多种多样，有的学生以叶片的形状进行分类，有的学生以能否当作药材进行分类。

教师通过这样的分类引导学生体会木本植物的不同之处，引出本课主题"木本植物多样性野外调查"，并让学生意识到自然界中植物的多样性。

教师展示虚拟现实教学资源，向学生介绍：我们将沉浸在虚拟情境中，开展木本植物野外调查，探究木本植物多样性。

> **环节解析**
>
> 通过游戏，激发学生兴趣。学生在活动中加深对常见植物种类、植物结构的了解；这样既激发了学生兴趣又复习了之前所学的相关知识。在本环节中，学生对植物进行简单分类，意识到木本植物和草本植物的差别。在此基础上，学生从植物的根、茎、叶、花、果实、种子等不同结构上，继续分类，初步感受植物的多样性，从而意识到自然界中植物会更加丰富多样，并聚焦到本课研究主题：木本植物多样性。

2. 探究木本植物多样性

（1）初探情境

教师引导学生在虚拟情境中自由浏览，教师提出问题："你们都看到了什么？"学生讲述自己在虚拟情境中的感受，介绍看到的鸡蛋花、马尾松等多种植物。教师追问学生："关于这些植物，你还想知道什么？"

学生在课堂中继续提出问题："鸡蛋花能不能吃？这些植物有什么价值？虚拟情境中一共有多少种植物？不同环境中的植物有什么差异？……"。

教师将学生提出的问题进行梳理。

针对前两个问题，有学生补充道："虚拟情境中有很多植物的资料和图片，还介绍了鸡蛋花等植物的特点，所以我们可以在虚拟情境中找到答案。"

虚拟情境中一共有多少种植物？有的同学猜想，虚拟情境中的植物有一百多种，有的同学猜想几十种，有的同学在生活中对植物有一些了解，知道自然界中的植物有三十多万种，所以虚拟情境中可能有更多的植物种类。

针对不同环境下的植物有什么差别的问题，学生普遍认为植物的结构是有差别的，能够举出仙人掌、爬山虎等生活中接触到的或学习过的植物例子。

教师出示本课木本植物野外调查主题，以虚拟情境中有多少植物这一问题为核心，引出探究任务，学生根据经验做出猜想后，进入虚拟情境调查木本植物的种类。

环节解析

在对学生进行前测时发现，由于学生日常生活情境较为单一，他们观察到的植物种类地缘性较强、种类较少，基本集中在居住小区、校园里等区域内。如果他们进行野外实地调查，就需要考虑季节、距离、人身安全等多种因素，这较难实现。虚拟情境可以超越空间和时间的限制，呈现不同地区、不同气候条件下（雨林、戈壁、沙漠等）的植物，还可以让学生近距离、短时间内观察不同植物的叶、花、果实等。

让学生简单浏览虚拟情境，初步感受虚拟情境的沉浸感，极大地激发学生的好奇心和求知欲，在此基础上引导学生探究虚拟情境中有多少木本植物，并自主设计探索方案，进行野外调查。

（2）野外调查

教师出示情境地图，引导学生思考：如何快速地调查清楚虚拟情境内木本植物的种类？

经过学生小组讨论，有的小组选择把虚拟情境分成多个区域（雨林区、戈壁区、高原区、平原区等），不同人负责不同区域，最后小组汇总。有的小组选择每个人向一个方向沿直线前进，一直走到尽头，之后再汇总等方法。

学生根据自己设计的调查方案自主调查野外木本植物。本次调查给学生充分时间,让学生进行充分的观察和探索。调查完成后,小组内成员交流讨论,完善调查报告。考察中有的学生在虚拟情境内将所见植物直接截图,之后汇总整理交流,共同补充完善虚拟情境野外木本植物的调查报告。

教师提问:虚拟情境中有这么多木本植物,你能给它们分类吗?你会根据什么依据给它们分类呢?学生说出自己的分类依据(例如分布区域、花的颜色、叶子的形态、是否可以被人们利用等),对虚拟情境中调查的植物再次分类,并记录在学习单中。

教师拓展生物分类学(门纲目科属种)。

环节解析

在虚拟情境中,学生有充分的时间进行观察、探索,感受不同环境中木本植物的特点,体会木本植物多样性。虚拟情境提供了种类繁多的木本植物的素材,学生需要收集各类植物的信息,并且根据小组要求,个人收集信息后进行汇总与整理。学生之间存在个体差异,有的同学在此过程中选择用笔记录自己的观察发现,有的同学选择使用虚拟现实设备中的截图。有的同学记录植物的经济价值,有的同学记录能否食用等实用性方面。由于观察植物的关注点和记录方式侧重点各有不同,针对不同学生的观察角度,虚拟情境提供了植物不同结构特点、不同季节的形态,还配有文字介绍资料,这在真实的考察中是无法实现的。因此虚拟现实教学资源还对学生个性化的学习提供了支持。在调查完成后,学生对虚拟情境内植物进行汇总,针对同一植物,不同学生也会根据自己的观察角度进行多维度的补充,体现了学生的个性化学习。

选取八种植物,让学生结合之前的调查,自定标准进行分类(由于虚拟情境内植物种类过多,四年级学生制定标准较为困难,教师选取比较有特点的植物让学生分类以降低难度),培养学生的观察、调查、分析、记录等能力;拓展分类学知识,让学生知道分类是生物学研究的一种基本方法;让学生懂得科学探究需要与他人进行合作,培养学生合作学习的能力。

(3)植物猎手

教师出示大花紫薇的资料卡,卡上只展示了大花紫薇的叶片部分图片。给出各小组任务:如何最快地在虚拟情境中找到这个植物?

学生以小组为单位，根据大花紫薇叶片的结构进行寻找。有的小组先对资料进行观察，相互讨论分析，认为这种植物的叶片呈现椭圆形，且叶片较厚，因此大概率不属于戈壁或沙漠植物，可能生长在雨林或平原地带，然后进入虚拟情境搜索，寻求尽快找到植物。有的小组直接进入虚拟情境搜索。

教师根据各个小组完成任务的用时进行排序。学生小组介绍自己的搜寻方法，发现观察分析结果后能够帮助缩小搜寻范围，能够更快地完成任务。第一次任务完成后，教师提高任务难度，给出多种植物卡片（有植物部分结构的图片，有植物的文字资料等）。学生选择一个卡片，请其他同学在虚拟情境里寻找出来。

环节解析

　　本环节的比赛任务，一方面可以锻炼学生的观察、分析能力，培养学生探索植物的热情，另一方面还可以引导学生复习之前所学的植物特征等知识。学生在第一次搜寻后进行讨论交流发现，先对植物进行观察，根据植物结构的特点判断其生存环境，能够有效缩小搜寻范围，从而加深学生对植物的结构特征与其生存环境相适应这一概念的认识。同时还可以对学生本节课的学习情况进行阶段性监测和评价。

3. 总结拓展

教师总结拓展本课内容，包括学生发现的各类木本植物及其特征、不同的木本植物对人类的作用，并介绍我国科学家发现的特有珍稀植物普陀鹅耳枥。

普陀鹅耳枥是一种濒临灭绝的中国特有的木本植物，属桦木科，树皮呈灰色。世界上仅存的一株野生株生长在中国舟山群岛，对生长环境有极为严格的要求。它喜阴耐湿，喜雾重，需求湿度能达到90%。所以，普陀鹅耳枥有着"地球独子"的称号。

1930年，它被植物分类学家钟观光教授发现，地点是浙江舟山普陀山风景区的佛顶山慧济寺西侧。1932年，林学家郑万钧教授根据其发现地点命名了这棵孤独的树。

教师提问："你认为除了环境的因素，还有什么别的因素使普陀鹅耳枥如此稀少？"

有的学生说道："我们以前听说过毛里求斯的大颅榄树的故事，大颅榄树之所以濒临灭绝，因为它的种子需要经过渡渡鸟的消化后才容易发芽，后来渡渡鸟灭绝了，大颅榄树的数量也就减少了。普陀鹅耳枥濒临灭绝也有可能是因为没有帮助它的种子发芽的动物了。"

环节解析

　　本环节先帮助学生回顾本课所学内容，并且学生讨论也是教师对学生进行评价的一个过程。学生是否积极讨论，能够不断根据虚拟情境中的发现作为证据证明自己的观点，讨论中能否保持积极的态度和兴趣，都是对学生学习效果的一种反馈。

　　学生在交流中能够不断认识木本植物与人类的关系，增强爱护环境、保护生态的意识，通过普陀鹅耳枥这种植物，思考生物与环境之间的关系，并感受中国科学家在植物多样性领域的积极贡献，培养学生的民族自豪感。

4.3.3　学案设计

木本植物多样性野外调查	
一、辨认植物	 狗尾草　　　　　银杏　　　　　　绿萝
二、寻找虚拟情境内的木本植物	请将你发现的植物记录在空白处： 你还可以按照什么标准对这些植物进行分类？ 写出你的分类依据，并对植物进行分类。 分类1：

续表

木本植物多样性野外调查	
二、寻找虚拟情境内的木本植物	分类2：
三、植物猎人	
	这是什么植物？

第 5 章

飞机与仿生

5.1 教学背景分析

　　飞行是人类不断追求的夙愿。空中翱翔的鹰、展翅的蝴蝶，甚至天上飘浮的白云都足以引起人们对飞行的向往。人类的很多创造灵感也来自于大自然。人类模仿生物的特殊本领，根据生物的结构和功能原理来研制机械，飞机的设计制造便是如此。人类对飞行的最初认识来自于鸟类。19 世纪初，英国科学家凯利模仿山鹬的纺锤形身体，设计了阻力小的流线型结构，促进了航空技术的诞生。

　　不少学生对飞机与仿生已经有一定程度的了解，若采用传统方式教学，学生可能会感到枯燥，降低学生的学习兴趣。"飞机与仿生"虚拟现实教学资源营造逼真的虚拟情境，让学生沉浸式多角度对比观察鸟和飞机的结构特征和飞行特点，引导学生主动思考飞机与鸟的相似之处，掌握飞机设计中运用的仿生原理。

5.2 本课虚拟现实教学资源特色

"飞机与仿生"虚拟现实教学资源包含 3 个模块

1. 飞机与仿生知识点	在该模块中，学生可以学习飞机与仿生知识点。
2. 小鸟骨骼及呼吸系统	在该模块中，学生可以观察小鸟的骨骼以及呼吸系统。
3. 飞机与小鸟结构	在该模块中，学生可以对比观察飞机和小鸟的结构。

本资源适用于小学五年级教学。

5.2.1 飞机与仿生知识点

　　在"飞机与仿生知识点"模块（见图 5-1）中，学生可通过文字介绍了解飞机与仿生的知识点，包括机翼曲线与鸟类、翼尖小翼与鹰隼、机翼震颤与蜻蜓、雷达导航与蝙蝠、机翼表面与海鸟、飞翼涂料与鲨鱼皮、机舱设备与荷叶、列阵飞行与大雁、飞机降落与苍蝇、机翼结构与蝴蝶、气动噪声与猫头鹰、喷气发动机与乌贼、蝴蝶和卫星温控系统等。

图 5-1 "飞机与仿生知识点"模块

5.2.2 小鸟骨骼及呼吸系统

在"小鸟骨骼及呼吸系统"模块（见图 5-2）中，学生可以观察小鸟的骨骼及呼吸系统结构，思考飞机飞行借鉴了鸟类的哪些特征。

图 5-2 "小鸟骨骼及呼吸系统"模块

5.2.3　飞机与小鸟结构

在"飞机与小鸟结构"模块（见图 5-3）中，学生能够观察空中飞行的飞机与小鸟，对比观察飞机与小鸟的整体外形结构。

图 5-3　"飞机与小鸟结构"模块

5.3　教学设计

5.3.1　教学目标

1. 科学观念

通过观察飞机与小鸟在结构和飞行状态的相似之处，学生认识到有些发明可以在自然界找到原型，了解飞机的仿生原理。

2. 科学思维

观察比较飞机与小鸟在结构和飞行状态的相似之处，分析结构与功能的联系，推理判断飞机的仿生原理。

3. 探究实践

在虚拟现实技术提供的情境中，提出探究问题并为证实观点寻找证据，形成科学的结论。能举例说出一些典型的发明及其运用的仿生原理。

4. 态度责任

体会虚拟现实技术的作用，了解科技的价值，乐于了解和使用现代信息技术。

5.3.2 教学活动设计

1. 虚拟情境沉浸，激发兴趣

教师介绍自由飞翔是人类千百年的梦想，嫦娥奔月，敦煌飞天，无不承载着人类对飞行的渴望。千年已过，梦想从未停过。如今，人类已经造出了实现梦想的载体。提出问题，引发学生思考："你们知道飞机是怎么制造出来的吗？人类在设计飞机的过程中模仿了什么动物呢？"

学生可能很快就能说出飞机是仿照小鸟的样子制造的。鸟有翅膀，飞机有机翼。

只有这一点相似吗？飞机真的是仿照小鸟的样子制造的吗？带着这样的问题，学生进入"小鸟骨骼及呼吸系统"虚拟情境，观察小鸟的身体结构，发现鸟有脚、翅膀、中空的骨骼、发达的呼吸系统。鸟的身体的每个结构都与飞行有关。接着进入"飞机与小鸟结构"虚拟情境，观察飞机的结构，发现飞机由机身、机翼、尾翼、动力装置、起落装置组成。

教师组织学生比较飞机与小鸟结构的相似之处，大部分学生认为机翼就是飞机的"翅膀"，机身就是飞机的"骨骼"，起落架就是飞机的"脚"。还有一部分学生觉得飞机不可能这么容易就能造出来，否则也不能被称为"千年梦想"了。

从人们向往天空，到从鸟身上受到启发，再到制造出飞机确实没那么简单，飞机的每部分结构到底模仿了什么动物的结构呢？教师引导学生进入"飞机与仿生知识点"模块，学生通过菜单选择，了解机身是模仿鸟类的流线型结构，机翼是模仿鹰滑翔时偏折翅尖的结构，起落架模仿苍蝇的平衡棒，喷气发动机模仿乌贼的反冲运动。

环节解析

学生在虚拟情境中，可以自主选择飞机结构、鸟类结构等进行直观、近距离、反复的观察和对比。这种学习方式可以调动学生的积极性，使其产生浓厚的学习兴趣。

---

2. 聚焦问题，探究实践

教师根据课前调查，提出问题，引发学生认知冲突："鸟的身体具有流线型结构，因此有助于飞行，那么鸟在飞行时是怎么保持流线型结构呢？"

学生在生活中并没有太多机会长时间观察鸟的飞行状态，于是大家提出再次进入"飞机与小鸟结构"虚拟情境，观察小鸟的飞行特点。教师提示重点观察鸟的腿在飞行时的状态。学生通过观察发现，鸟在飞行时都本能地把两腿藏在身下，有的鸟腿特别长，就会并拢伸直向后。

接下来教师请同学们思考："既然飞机是仿照小鸟的样子制造的，那么飞机在飞行时应该怎么处理自己的'脚'——起落架——才能保持流线型呢？"这时学生很容易就能说出飞机飞行时收回起落架就可以保持流线型。

教师引导学生分析："同学们能用身边的物体证明流线型可以减小空气阻力吗？"

很多学生只是知道流线型可以减小空气阻力的结论，但是并没有深入思考过如何通过科学实验证明这一结论。因此，当教师提出这样的问题后，大部分学生比较茫然。教师组织学生交流讨论后，学生认为还是需要做一组对比实验来验证，实验难点在于如何找到适合模拟流线型和非流线型的材料。另一个难点是如何观测到较为明显的实验现象。

教师鼓励学生勇于探索，并为学生提供材料，鼓励学生完成探究实践。在教师支持下，学生取一个圆柱形的瓶子模拟流线型结构，取一块和瓶子的直径相等的木板模拟非流线型结构（见图 5-4），把一根点燃的蜡烛放在圆柱形的瓶子和木板之间，保证烛焰到瓶子的距离和烛焰到木板的距离相等。然后分别从瓶子一侧和木板一侧用相等的风量吹向烛焰，看从哪一侧能把烛焰吹灭。

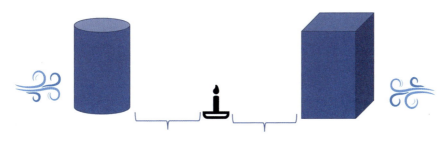

图 5-4　学生实验示意图

学生观察到在木板一侧吹风，烛焰只是微微一动；但在瓶子一侧吹风时烛焰熄灭了。学生在观察到这一现象时非常兴奋。实验结束后，学生冷静下来，在教师组织下进行交流，并做出分析。圆柱形是流线型，空气更容易通过，也就是对空气产生的阻力更小。飞机飞行时收回起落架是仿照小鸟在飞行的时候把两腿藏在身下，都是使身体在飞行时保持流线型，从而减小空气阻力。

环节解析

探究实践过程的第一步是学生带着问题主动进入虚拟情境寻找答案。之后教师通过实验探究任务恰当地将学生从虚拟情境中带回课堂，虚实结合，促进学生高效自主学习。

3. 拓展延伸，解决问题

此时学生已经对流线型以及流线型可以减小空气阻力有了一定的了解，进而能联系生活实际说出短道速滑队员的头盔、汽车车身都运用了"流线型减小空气阻力"的设计原理。

教师引导学生继续拓展延伸："大自然中许多生物具有精巧奇妙的构造和特殊的功能。人们从生物的形态结构和功能中得到启发，发明了许多新技术和新设备。我们生活中还有什么设计参考了生物的精巧构造吗？"

学生联想到以前学过苍耳有倒钩结构，很容易粘到动物皮毛或者人的衣服上，所以鞋和衣服上设计的尼龙搭扣的一端是模仿苍耳的倒钩，而另一端则是模仿动物皮毛松软、蓬松的纤维结构。这样，尼龙搭扣的两端就很容易钩挂在一起。

蝙蝠从耳朵和嘴巴发出超声波，可以探测到任何阻挡它的障碍物，从而将这些障碍物的准确位置显现在蝙蝠的脑子里，所以蝙蝠即使在夜间飞行也不会撞到任何障碍物。人们模仿蝙蝠夜间飞行的原理发明了雷达。

环节解析

本环节中利用"生活中还有哪些地方运用了流线型减小空气阻力的原理"的问题引导学生用本课所学知识解释更多生活现象，帮助他们加深对概念的理解和应用。"你知道我们生活中还有哪些设计参考了生物的精巧构造吗"激发学生继续研究仿生的兴趣，使他们的研究不停步于课堂，引领学生在学习和感悟科学的道路上走得更远。

5.3.3　学案设计

飞机与仿生

1.学习和观察飞机的组件，进一步了解每部分的结构是模仿的什么动物的什么结构。

飞机结构	动物	飞机结构	动物
机身		机翼	
尾翼		起落装置	
动力装置			

2.聚焦问题：流线型真的可以减小空气阻力吗？
（1）提出猜想
（2）验证猜想
①进入虚拟情境，观察鸟类的飞行特点，重点观察鸟飞行时腿放在哪里。
②用实物设计实验验证，并记录你的实验。

 科学解释

飞机飞行时为什么要收回起落架？

　　飞机在飞行过程中要收回起落架，主要原因是飞机的飞行速度很快，倘若将起落架暴露在外，将严重影响飞机的气动性能，阻碍飞行速度。为了减少阻力，飞机起飞后，起落架会被收入机身或机翼的隔舱中。当隔舱关闭后，飞机可以保持很好的流线外形，减小阻力，加快飞行速度。

拓展与反思

　　大自然中许多生物具有精巧奇妙的构造和特殊的功能。人们从生物的形态结构和功能中得到启发，发明了许多新技术和新设备。写一写你的想法吧。

第 6 章

雷电与避雷针

6.1 教学背景分析

　　静电现象存在于我们的生活中，比如用塑料梳子梳理干燥的头发，头发会随着梳子飘动；在干燥的季节脱毛衣时，会听到啪啪声；在干燥的季节用手去触摸门的金属把手，会有触电的感觉等。雷电是一种云与云之间、云与地之间或者云体内各部位之间的强烈静电放电现象，并伴有巨大的声音，有着极强的危害性。学生着迷于雷电的壮观与神奇，但是又畏惧这种自然现象；雷电突然来又瞬间消失的现象，学生很难对其进行观察和研究。因此，学生对雷电有一定的感性认识，但是并没有建立起对雷电的产生原因、雷电的危害、如何避免雷电袭击等的科学认识。

　　利用"雷电与避雷针"虚拟现实教学资源，我们可以重现雷电现象，让学生沉浸在震撼又真实的虚拟情境中开展观察和学习。

6.2 本课虚拟现实教学资源特色

"雷电与避雷针"虚拟现实教学资源包含 5 个模块

1.雷击树	在该模块中，学生可以观察到室外雷击树的现象。	控制面板
2.雷击避雷针	在该模块中，学生可以观察到雷击避雷针的现象。	
3.室外避雷	在该模块中，学生可以学习室外避雷的相关知识。	
4.室内防雷	在该模块中，学生可以学习室内防雷的相关知识。	
5.雷电袭击对象	在该模块中，学生可以了解一些容易被雷电袭击的对象。	

本资源适用于小学四年级教学。

6.2.1　雷击树

在"雷击树"模块中，学生可以观察雷电袭击大树的现象，了解雷电的声音与雷电的威力，如图 6-1 所示。

图 6-1　雷击树

6.2.2　雷击避雷针

在"雷击避雷针"模块中，学生可以观察雷电击中楼房顶部避雷针的现象，通过语音介绍了解避雷针的原理，如图 6-2 所示。

图 6-2　雷击避雷针

6.2.3 室外避雷

在"室外避雷"模块中，学生可以通过图片、文字以及语音介绍，了解室外避雷的注意事项，学习室外避雷的相关知识，如图 6-3 所示。

图 6-3 室外避雷

6.2.4 室内防雷

在"室内防雷"模块中，学生可以通过图片、文字以及语音介绍，了解室内防雷的注意事项，学习室内防雷的相关知识，如图 6-4 所示。

图 6-4 室内防雷

6.2.5　雷电袭击对象

在"雷电袭击对象"模块中，学生可以通过图片、文字以及语音介绍，了解雷电容易袭击的对象，提高在雷雨天的安全防范意识，如图 6-5 所示。

图 6-5　雷电喜欢袭击的对象

6.3　教学设计

6.3.1　教学目标

1. 科学观念
（1）知道生活中有很多静电现象，通过摩擦等方式可以使物体带电。
（2）知道带同种电荷的物体相互排斥，带异种电荷的物体相互吸引。
（3）知道雷电形成的原因，雷电的危害，掌握简单的避雷方法。

2. 科学思维
通过观察、分析、推理等思维方法探究雷电的形成原因、危害等；通过虚拟现实资源了解、分析归纳避雷的方法。

3. 探究实践
结合生活和实验中看到的静电现象，运用逻辑推理的方法，对静电现象进行合理的解释。运用虚拟现实教学资源、实验探究方式，分析、总结雷电的形成原因。

4. 责任态度

通过了解静电现象和避雷方法，形成人类必须与自然相互依存、和谐发展的意识。

6.3.2 教学活动设计

1. 创设情境，感受雷电的特点

学生观看虚拟现实资源：学生带上虚拟现实头盔，进入"雷击树"场景，观看室外观察雷电袭击大树的现象，了解雷电的声音与雷电的威力。

教师提问导入：雷电是一种自然现象，雷电有什么特点？

学生会根据观察到的现象以及生活经验回答：有很大的声响，破坏力很大，可以劈开大树等。

教师总结：雷电是一种伴有闪电和雷鸣的静电放电现象。

环节解析

> 虚拟现实教学资源给学生提供了逼真的学习环境，通过模拟自然界中"树被雷击中"的情境，帮助学生更好地浸入情境，拉近与所学内容的距离，在虚拟情境中观察、了解雷的危害，认识到避雷的重要性。

2. 探究雷电的成因

教师提问：雷电的危害如此大，那雷电是如何形成的呢？

利用静电起电机来探究雷电的形成原因。

出示静电机起电机，介绍名称及主要构造。在静电起电机的两个金属球上用细铜丝分别挂一个泡沫塑料小球，摇动静电起电机，观察发生的现象。

实验现象：两个泡沫塑料小球相互吸引。

学生讨论：以上现象表明两个泡沫塑料小球都带了电，而且是不同的电。进而启发学生，在静电起电机转动起来后，实际是静电起电机的两个金属球带了不同的电，通过铜丝传到泡沫塑料小球上的。

演示实验：取掉铜丝和小球，让两个金属球接近，摇动静电起电机，观察一下，发生什么现象？

现象：在两个金属球间发生电火花，同时听到噼啪声。

通过静电起电机产生放电现象，让学生亲眼看到真实的放电现象。

教师：你们平常生活中看到过实验里这样的放电现象吗？例如，你在用塑料梳子梳头、脱毛衣、摸金属把手时，看到过类似的放电现象吗？用塑料梳子梳头，听到梳子与头发之间放电时产生的轻微噼啪声。通过以上实验和生活中放电的例子，学生可以知道放电现象是一种经常发生的现象。雷电本质上也是放电现象。

环节解析

本环节主要利用演示实验重现放电现象，引导学生认识到生活中的放电现象是十分普遍的。

教师导入：那么什么是放电现象呢？要想理解这个问题，我们要先来认识什么是电荷。

我们刚刚已经认识了很多静电放电现象，静电存在于我们周围的一切物质当中。但是在我们接触这些物体的时候，却并不是时时都能感觉到电的，这是为什么呢？原来物质同时具有两种电荷：正电荷和负电荷。由于正、负电荷数量相等、相互抵消，所以物体不显示带电。

那为什么物体会带电呢？我们提到的几种放电现象有什么共同的特征？引导学生思考。当物体受到外界影响（例如摩擦）时，物体表面的电荷发生了转移，正负电荷数量不一样了，物体就显示带电了。

为什么会有雷电现象？——部分带电的云层与另一部分带异种电荷的云层，或者是带电的云层对大地之间迅猛的放电。这种迅猛的放电过程产生强烈的闪电并伴随巨大的声音。这就是我们所看到的闪电和雷鸣。

环节解析

引导学生认识雷电形成的原因是两个异种电荷之间的放电现象。

3. 雷电的危害及避雷

教师提问：同学们觉得雷电还有哪些危害呢？

学生展开讨论，有的学生会谈到雷直接击中物体导致物体损坏、倒坍等危害，有的学生联想到雷击中电线电路等造成用电线路和电器的损害等，还有的学生课外阅读比较丰富，会举例说明球状闪电可以顺着打开的窗户、烟囱等进入室内造成一定的伤害，比如球状闪电进入冰箱后，将冰箱里的食物煮熟，但是冰箱却没有损坏，依然正常工作等事例。经过讨论，学生对雷电的危害有了更深入的认识，进而认识到避雷的重要性。

雷电的危害有很多，雷电灾害已被联合国有关部门列为最严重的十种自然灾害之一。虚拟情境呈现了更多的雷电危害片段，可以帮助学生更好地认识雷电强大的破坏力。

雷电的危害有：

① 击死击伤人、畜；

② 击毁建筑、大树、用电设施；

③ 引起仓储、炼油厂、油田等燃烧甚至爆炸。

教师提问：雷电的危害如此之大，那我们怎样防止雷击？

学生讨论后，观看"室外避雷"和"室内避雷"虚拟现实教学资源。

环节解析

通过与虚拟情境中的人物对话、文字和图片等形式，能够让学生在视觉、听觉、感觉方面全方位受到影响，了解到"雷电对人、物的危害"，加深其印象，深刻体会到雷电的危害性和避雷的重要性。

学生通过观察和总结得到避雷的方法如下。

一般避雷方法：

① 远离大树和高大建筑；

② 避免使用电器，如看电视、打手机、打电话等；

③ 关闭门窗；

④ 不手拿金属物体。

房内避雷：

① 课桌椅离开墙壁；

② 不靠近避雷杆。

环节解析

在虚拟情境中学习室外避雷和室内避雷的方法，增加学习的趣味性。虚拟现实教学资源增强了学生的学习体验，通过模拟避雷针避雷的情境，这和"雷击树"情境十分相似，学生可以自然联想到"避雷针"是通过"引雷"来实现"避雷"的。

　　刚刚提到的避雷针是什么样的？同学们先按照自己的想法画出来。然后进入"雷击避雷针"虚拟情境观察。学生通过查阅资料、观看雷击避雷针虚拟情境，得出结论：避雷针是通过"引雷"的方式来达到"避雷"的效果。

4. 拓展延伸

课后思考：

（1）为什么油罐车后面都有一个尾巴？

（2）高层建筑物上为什么都有一根避雷针？

　　经过本节课的学习，学生对此都产生了浓厚的兴趣，他们经过激烈的讨论后，也可得到相应的结论。对于（1）油罐车在行驶过程中，车轮和地面的摩擦，以及油罐车摇摇晃晃的过程中产生的摩擦，会使油罐车产生静电，静电积累在油罐中，就有可能产生放电现象，从而引起油罐爆炸，产生危险。对于（2）高层建筑物本身就像"引雷针"，很容易被雷击中，所以要安装避雷针来防止被雷击中。

6.3.3　学案设计

雷电与避雷针
一、按照你的理解，画出雷电的形成过程。
二、画出你脑海中避雷针的样子。

科学知识

　　在雷雨天气，高楼上空出现带电云层时，避雷针和高楼顶部都被感应上大量电荷，由于避雷针针头是尖的，所以静电感应时，导体尖端总是聚集了最多的电荷。这样，避雷针就聚集了大部分电荷。当云层上电荷较多时，避雷针和云层之间会发生放电现象，而避雷针又是接地的，避雷针就可以把云层上的电荷导入大地，使其不对高层建筑构成危险，保证了它的安全。

第7章　探秘光热发电站

7.1　教学背景分析

近年来新能源发电在发电量中的占比呈现逐年增长的趋势。我国的新能源发电技术不断发展，塔式熔盐光热发电站就是其中典型的例子。塔式熔盐光热发电不仅环保，而且不受天气和季节影响，可以实现持续发电，所以又称"超级镜子电站"。但是，塔式熔盐光热发电站坐落在我国西部，位置较远，学生若想实地参观学习难度较大。即使实地观察，学生也无法直观地观测到发电站装置的内部构造和能量转换过程。

基于现实分析，我们在教学中就需要凸显 VR 技术的"情境沉浸"特色。利用"塔式熔盐光热发电站"虚拟现实教学资源，学生可以在沉浸式学习中开展模拟实践，更好地了解塔式熔盐光热发电站的构造以及光热发电站中"光能—热能—电能"的转换关系，从而促进科学思维、探究实践等科学素养的发展。

7.2　本课虚拟现实教学资源特色

"塔式熔盐光热发电站"虚拟现实教学资源包含 4 个模块

1. 视频导读	在该模块中，学生可以观看塔式熔盐光热发电站视频，初步了解其结构功能和原理。
2. 漫游发电站	在该模块中，学生可以身临其境般漫游发电站；学生可以变换时间、切换晴／阴天，变换不同的视角观察发电站；学生可以观察不同时间、天气情况下，定日镜的变化。
3. 组装发电站	在该模块中，学生可以动手组装发电站，学习发电站的各组成部分，查看提示和系统评分。
4. 电能的来源	在该模块中，学生可以参观不同能源转化为电能的情境。

本资源适用于小学六年级教学。

7.2.1　视频导读

在"视频导读"模块中，学生可以观看视频，了解塔式熔盐光热发电站的结构、功能和原理，如图 7-1 所示。

图 7-1　视频导读

7.2.2　漫游发电站

1. 漫游发电站

在"漫游发电站"模块中，学生可以身临其境般在发电站中漫游，近距离观察发电站的整体情况，如图 7-2 所示。

2. 变换视角

学生可以切换至"站立"视角或"俯视"视角（见图 7-3）观察发电站，了解发电站的构成，包括定日镜、空冷岛、蒸汽发生器、高温熔盐罐、低温熔盐罐、汽轮发电机、集热塔七个部分。

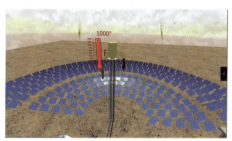

图 7-2　漫游发电站　　　　图 7-3　切换至"俯视"视角

3. 变换时间

学生可以通过旋转指针，变换时间（见图 7-4），观察定日镜群随着时间的变化，以及发电站 24 小时的发电状况。

4. 切换天气

学生可以切换阴天（见图 7-5）与晴天两种天气，观察不同天气下定日镜群的变化以及发电站的工作情况。

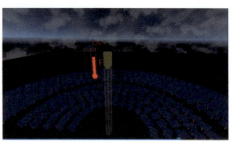

图 7-4　变换时间　　　　　　　　　图 7-5　切换阴天

7.2.3　组装发电站

在"组装发电站"模块中，学生可以动手组装发电站，通过文字介绍学习发电站各组成部分的相关知识，如图 7-6 所示。

在组装过程中，学生若忘记组装顺序，可以查看提示，如图 7-7 所示。

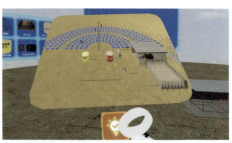

图 7-6　组装发电站　　　　　　　　图 7-7　查看提示

组装完成后，学生可查看系统评分（见图 7-8），若组装过程中查看提示或组装错误，系统会扣除相应分数。

图 7-8　查看系统评分

7.3 教学设计

7.3.1　教学目标

1. 科学观念

了解其他形式的能可以转化为电能，了解塔式熔盐发电站的组成、功能和能量转化过程。

2. 科学思维

运用比较、分析等思维方法，经历论证推理的科学思维过程。

3. 探究实践

能在真实情境中分析问题，对太阳能持续发电做出假设。在探秘光热发电能的转化过程中，明确自己的观点。为证实自己的观点，运用虚拟现实等信息技术手段寻找证据，形成科学的结论。

4. 态度责任

能大胆质疑，从不同角度分析供电装置的利弊；通过对光热发电站的了解，增强对我国新能源应用技术的自豪感，形成节能环保的意识。

7.3.2　教学活动设计

1. 创设情境，提出问题

（1）分析发电机能的转化

教师创设生活情境：在生活中，手机快没电了，怎么办呢？

学生根据生活经验，得出"给手机充电"的方法。

教师引导学生阅读资料"电是怎样产生的"。

英国科学家法拉第和美国科学家亨利几乎同时发明了发电机，为电的使用奠定了基础。因为当时发电机提供的电力并不比伏特电池提供的电力便宜，所以无法大规模应用。后来，大型动能与电能转换装置问世，才使电力得到了广泛应用。

教师介绍水蒸气推动涡轮发电机产生电，引导学生思考：在这个过程中，水蒸气、发电机转动各具有什么能？发电机的能量是怎样转换的？

学生讨论得出：发电过程中，水蒸气的热能转化为发电机的动能，再转化为电能。

教师介绍：木头、煤、石油、天然气，甚至垃圾都可作为热源。核反应堆也是通过核反应堆加热水来产生水蒸气，从而带动汽轮机来进行发电的。这些电最后变成了我们的日常生活用电来源，比如给手机充电。

（2）聚焦太阳能转化为电能

教师进一步引导学生思考：有哪些能源可以给我们提供电能呢？不同能源发电存在哪些不足？哪种能源发电更环保高效一些？

学生进入"电能的来源"虚拟现实教学资源，参观不同能源转化为电能的情境，分析得出：在可以提供电能的能源中，煤炭、核能属于不可再生能源，太阳能、水能和风能属于可再生能源；为了节约能源，我们最好用可再生能源来发电；水能和风能受地域条件的限制，且发电不稳定；相对而言，太阳能发电具有明显的优势。

教师聚焦问题：太阳能如何转化为电能？

环节解析

从生活情境出发，借助 VR 资源，激发学生对电能来源的学习兴趣，同时引发学生思考，聚焦"太阳能转化为电能"的探究问题。了解发电机能的转化，为学生后续对太阳能转化为电能的探究奠定基础。

2. 协作探究，交流分析

（1）制作太阳能发电装置，分析能的转化

教师提供实验器材：蓄电池、太阳能电池板、稳压器、风扇、LED 灯、电线等。

学生经历制作发电装置、体验太阳能发电等环节。讨论分析得出：通过电风扇转动和 LED 灯亮起，可以判断有太阳能转化为电能。

（2）分析太阳能供电装置的不足和改进方法

学生小组讨论，交流分析得出：阴天和夜间没有足够的太阳能，需要用到蓄电池来存储太阳能电池板转化出来的电能，以备没有阳光时使用；阳光照射时强弱不同，需要用稳压器来稳定产生的输出电流。

师生交流太阳能供电的突出问题：不能充分吸收太阳光，不能持续接收太阳光。

（3）交流太阳能发电站持续发电的设想

教师引导学生思考：太阳能是清洁的可再生能源，实际的太阳能发电装置与同学们自制的简易装置类似,太阳能发电也叫作光伏发电、光热发电,这种发电方式需要有电力储存设备,这种设备成本很高。

如何更好地解决上面的两个问题呢?教师进一步给学生提供光热发电站的主要设备图片,如图7-9所示,并介绍熔盐是非常好的导热介质,可以很好地传递并储存热量。

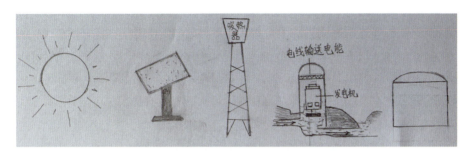

图7-9 光热发电站的主要设备

学生观察图片,小组交流得出:

① 镜子反射太阳光聚集到集热塔上,可以很好地收集光和热。

② 集热塔加热熔盐流进熔盐罐,熔盐罐温度升高。

③ 高温熔盐罐里的热量传递给水,产生水蒸气,推动发电机发电。

环节解析

> 学生动手制作太阳能供电装置,初步体验能量的转化;交流讨论太阳能供电装置的不足之处,在教师引导下思考如何使太阳能发电站实现持续发电。培养学生的比较、分析和推理能力,并激发学生对光热发电站的探索热情。

3. 自主探究,巩固提升

(1)利用虚拟现实教学资源验证设想

教师介绍:在我国西北荒漠、丝绸之路的必经之地敦煌,就有被称为中国"超级镜子"的太阳能发电站——塔式熔盐光热发电站。让我们一起走近这个雄伟壮观的发电站,一睹它的风采,并验证我们的设想。

① 学生进入"视频导读"虚拟情境,了解塔式熔盐光热发电站的构造。

学生在规定时间内观看视频,分享关于塔式熔盐光热发电站构造的认识。教师提示学生是否有图片中的装置,还有没有其他的设备,有的学生回答不全面,但会了解其中的几种设备;有的学生可以说到图片中提到的装置,而且还可以补充全面。在多位学生进行分享后，大多数学生已经对塔式熔盐光热发电站的构造有了清晰的认知。

②教师引导学生进入"漫游发电站"虚拟情境，进一步验证自己的想法。

学生通过沉浸式体验，感受光热发电站的神奇：

- 通过变换定日镜的角度，定日镜可以更好地把光和热聚集到集热塔；
- 在夜间和阴天，熔盐罐发挥非常重要的作用，可以把热量传递给水，水变成水蒸气后进而推动发电机发电。

通过学生的分享和学习单的完成情况，教师来评价学生是否真正理解塔式熔盐光热发电站实现"充分吸收"和"持续吸收"太阳光，并把太阳能转化为电能的过程。

③教师引导学生进入"组装发电站"虚拟情境，学生进行组装体验。

在组装过程中，学生可能出现典型错误操作，比如，把定日镜群、空冷岛、蒸汽发生器、高温熔盐罐、低温熔盐罐、汽轮发电机和集热塔的位置放置错误。教师引导学生再次深入思考，比如定日镜群要在集热塔的周围，便于调整角度把太阳光聚集到集热塔上；高温熔盐罐要接近蒸汽发生器，便于把热量传递给水；蒸汽发生器中蒸汽推动发电机转动，空冷岛需要对热空气进行冷却，因此，它们需要放置在一起。

当有些学生动手组装出现困难时，教师要再次帮助学生分析各个设备的功能，学生真正理解原理后问题就迎刃而解了。学生也可以点击"请求帮助"按钮，查看后再次组装，直到组装成功为止。

学生通过查看组装得分来评价自己的操作过程，当有些学生组装分数不理想时，教师允许学生多次体验，逐步实现对光热发电站组装的深入理解。

（2）师生总结塔式熔盐光热发电站能的转化过程

定日镜反射太阳光到吸热塔上，吸热塔内熔盐温度升高，将太阳能转化为热能，蒸汽发生器产生高温高压蒸汽，热能增加；汽轮机转动，将蒸汽的热能转化为机械能；最后，发电机将机械能转化为电能。

环节解析

　　利用虚拟现实教学资源，引导学生自主学习，归纳分析，形成个人成果，培养学生的观察、分析能力，进一步巩固提升学生对塔式熔盐光热发电站的认识，并了解光热发电站的能量转换过程。

4. 拓展延伸

教师播放"我国年发电量"的视频，学生观看。

教师引导学生思考：能源危机席卷全球，各国都在加大力度开发清洁能源。中国的"超级镜子"位于西部地区，而我国用电量最集中的地区在东部地区，如何把西北的电远距离输送到东部？

> **环节解析**
>
> 学生通过视频进一步了解光热发电站节能环保的优势，增强民族自豪感和爱国热情。从能源危机角度使学生认识到大力开发新能源、提高能源利用率的重要性，引导学生思考如何实现远距离输电，培养学生的创新思维。

7.3.3　学案设计

探秘光热发电站	
一、了解发电机及太阳能发电	1. 阅读"电是怎样产生的"，说出发电机能的转化。
	制作体验，验证能的转化。 自制太阳能供电套装，说出发电过程中能的转化。
	2. 用画图或文字的形式，写出你对太阳能光热发电的设想。 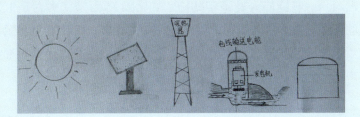 我的设想：

续表

探秘光热发电站	
二、利用虚拟现实教学资源认知光热发电站的构造及功能	1.任务：进入"视频导读"虚拟情境，观看视频后，相信你对塔式光热发电站的设备的组成和功能有了一定了解。请将下面各设备与其对应的功能连起来。 定日镜　　　　　存储多余的热熔盐以供在阴天或者夜晚的时候进行循环使用 集热塔　　　　　被汽轮机带动转子转动，切割磁感线，在闭合电路中产生交流电 高温熔盐罐　　　通过调整方位变化和镜面仰角，把太阳的反射光聚焦到集热器内 空冷岛　　　　　将太阳能直接转化为可以高效利用的高温热能 发电机　　　　　降低蒸汽温度，将其液化成水
	2.任务：在"漫游发电站"模块中进行虚拟实验后，交流讨论光热发电站是如何实现熔盐的循环利用，从而实现发电站持续稳定发电的。
	3.任务：在"组装发电站"模块中进行虚拟实验，按顺序组装光热发电站，并查看组装评分。

 拓展与反思

　　位于敦煌的塔式熔盐光热发电站年发电量高达 3.9 亿度，位居全球第三、亚洲第一。它能使人类每年减排二氧化碳 35 万吨，大约是 1 万亩森林才能实现的环保效益。目前我国年发电量远超世界各国，雄踞世界第一。我国用电量最集中的地区在东部地区，如何使西北的电远距离输送到东部？把你的想法写下来吧。

| 第 8 章 | 园艺作物识别与鉴赏 |

8.1 教学背景分析

植物是地球生态系统的组成部分，人的生存离不开植物，多彩多姿的植物给人们的生活增添了许多乐趣。叶是植物体的组成部分，对植物生长具有重要作用。学生虽然经常看到植物，但对叶和其他器官的相关科学知识并不完全清楚。

很多园艺植物由于高度、时间等因素，学生很难全面观察其特征。而将它们放置到教室，呈现在学生面前难度极大。在以往的教学中，能够摆放在教室的普遍为矮小、容易搬运的植物，所以学生观察的植物种类就受到了限制。借助"园艺作物的识别与鉴赏"虚拟现实教学资源，学生可以不受空间、时间的限制，观察多种植物的叶以及其他部分的特征，并结合它们所在的环境，探索植物的叶与环境相适应的关系。

8.2 本课虚拟现实教学资源特色

"园艺作物的识别与鉴赏"虚拟现实教学资源包括 2 个模块

1.学习植物相关知识	在该模块中，学生可以了解不同植物的名称及其外形、习性等特征。本资源包含一品红、红掌、金边虎皮兰、葱兰、变叶木、八仙花、扁竹蓼、绿玉树、常春藤、酢浆草、孔雀木、雷神、合果芋、雏菊、白鹤芋、天人菊、凤梨花、君子兰、天竺葵、龟背竹共 20 多种园艺作物。
2.查看植物园地图	在该模块中，学生可以查看自己的位置坐标、植物位置坐标。

本资源适用于小学三、四年级教学。

8.2.1 学习植物相关知识

学生在植物园中选择园艺作物介绍（见图8-1），通过文字介绍学习植物的相关信息，包括植物的名称、外形、习性等。

图 8-1 园艺作物介绍

8.2.2 查看植物园地图

学生可以通过地图查看自己的位置坐标（见图8-2），查看观赏路线。

图 8-2 查看植物园地图

8.3　教学设计

8.3.1　教学目标

1. 科学观念

了解植物的叶的结构，能够区分单叶与复叶。知道植物分为喜阴植物和喜阳植物。

2. 科学思维

运用观察、比较、归纳等思维方法探究叶的结构和单叶与复叶的不同；分析、归纳得出不同植物需要的光照强度不同。

3. 探究实践

能够从叶的多样性角度提出可探究的科学问题，并运用虚拟现实教学资源、结合查阅资料寻找证据，形成正确的认识。

4. 态度和责任

在探究叶的结构、叶与光的关系活动中，体会植物多样性，发展研究植物的兴趣。

8.3.2　教学活动设计

1. 情境沉浸，聚焦主题"植物的叶"

教师提出话题：我们的身边生长着千姿百态的绿色植物，虚拟教学资源里有 20 多种植物，你们能又快又准地找到龟背竹、孔雀木、君子兰、常春藤、虎皮兰这 5 种植物吗？

学生戴上虚拟现实头盔进入情境，部分学生通过叶的外部特征观察，识别出了君子兰、龟背竹。辨别不出的学生通过阅读虚拟教学资源中各种植物的文字介绍找出并了解上述的 5 种植物。

> **环节解析**
>
> 　学生利用虚拟现实教学资源，进行植物观察。通过虚拟情境中的文字介绍，初步了解和识别五种植物的叶以及其他部分的外部特征。学生在虚

拟情境中多角度、全方位观察叶的特征，并结合文字介绍增加对植物的全面了解。

2. 阅读资料，提出叶的科学问题

通过资料，鼓励学生从叶的相关信息中提出自己的疑惑或想研究的问题。

学生观察孔雀木图片和阅读文字信息（见图8-3）后，有的提出：孔雀木的叶是复叶，那常春藤等其他植物呢？它们哪些是复叶，哪些不是？

图8-3 孔雀木

有的学生提出："龟背竹的叶子长得很奇怪，为什么叶子长得不同？"有的学生提出："很多植物生长在大树下面，它们都被遮挡住了，还能存活吗？"还有个别学生提出："一品红的叶子为什么是红色的？光棍树没有叶，是怎么回事？"

环节解析

培养学生提出科学问题是《义务教育科学课程标准（2022年版）》科学教学的目标之一。本课借助丰富的虚拟教学资源，充分发挥学生主观能动性，引导学生自主提出问题，促进学生主动、积极思考，有利于学生的思维发展。

3. 比较单叶与复叶，形成叶的结构具体概念

学生的问题可以分为两类：一是与叶的结构有关的问题，一是与植物生长环境相适应的问题。依据学生的认知特点和学习规律，先引导学生了解叶的结构，再分析其与环境相适应的问题。

通过阅读虚拟情境中的植物介绍，学生知道孔雀木是复叶，龟背竹不是复叶。教师出示龟背竹和孔雀木的叶（见图 8-4），学生进一步仔细观察，寻找不同。学生在比较后会形成不同的假设。有的学生以叶子的大小作为判断复叶的依据，有的学生以叶子的数量作为判断复叶的依据，单叶是一片叶，复叶是多片叶……学生充分发表自己的想法后，教师对学生的假设进行梳理并分类。当学生对判断单叶、复叶的方法产生认知冲突后，教师及时提供大小、形状等外部特征不同的单叶与复叶。学生比较分析多种植物的单叶与复叶后，可以排除叶的大小的判断依据。由于植物的枝条上会生长多片叶，教师需引导学生观察比较茎与叶柄的区别，进而了解叶的结构，并在此基础上分析，应以叶柄上的叶的数量作为判断单叶与复叶的依据。

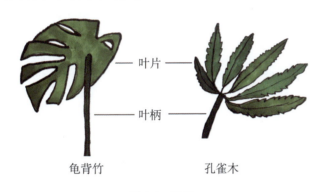

叶片

叶柄

龟背竹　　　　　　　　　孔雀木

图 8-4　叶子

由此，学生归纳出复叶的判断依据，并运用演绎的思维方法再回到虚拟情境去分辨其他植物。

环节解析

　　基于学生对叶的认识规律，先了解叶的结构，再进一步探究叶与环境相适应的问题。学生在小组合作中，先自己进行观察、发现和组内交流，当学生观点不一致时，再集体观察，查找单叶与复叶的不同。基于它们的不同，形成属于小组的假设再在班级中进行论证。在这个过程中，学生的思维被激发，观察能力、表达能力得到提高。

4. 问题整合，形成叶与环境相适应的主要概念

针对学生提出的其他几个问题，可以整合为植物的叶与生存环境的关系。教师提出：同学们已经观察到叶的形状、大小各不相同，生长环境也不一样。如果将虚拟情境中的植物放在学校作为观赏植物，你会如何安排它们的位置呢？学生根据虚拟教学资源中的植物介绍来设计方案，并交流理由。

较多的学生依据植物的外部特征来摆放，例如叶子的形状，叶的排布整理……而不是它们适宜的环境。也有的学生提到可以把喜阳植物放在外面。结合学生回答，教师介绍园艺师傅在对园艺植物进行设计摆放时，不仅要依据它们的外部特征，更要依据它们的生存环境来安排，学生恍然大悟。

接下来，这些园艺植物哪些适合在阳光下，哪些不适合？教师为学生提供关于植物生长环境的补充资料。学生结合虚拟教学资源和补充资料，重新规划植物的摆放方案。教师总结：有些植物像龟背竹一样需要在背阴的环境中生长，我们把这样的植物称为喜阴植物，也叫耐阴植物。有些植物像雏菊一样在阳光下生长，我们把这样的植物称为喜阳植物。它们的生活习性不同，和生活环境有密切联系。

环节解析

校园里的各个位置都会摆放不同的植物，尤其是在教室里的绿植，学生都知道它们起到美观和净化空气的作用，但并不清楚它们的位置摆放的依据。学生通过在虚拟现实情境中细致的观察、比较，发现植物生长的位置是不同的。再通过情境设置：如果将虚拟现实情境中的这些植物放在学校作为观赏，你会如何安排它们的位置，引发学生进一步思考并理解植物的生长环境与叶的关系。

5. 拓展延伸，形成植物适应环境的大概念

出示骆驼刺、睡莲（见图8-5）的图片。教师提出思考问题：植物的叶是多种多样的，骆驼刺与睡莲的叶有什么特征？为什么有这么大的不同？观察图片，进行思考，在学生形成假设后，可以查阅资料来验证。

图 8-5　骆驼刺和睡莲

引导学生运用概念判断、识别真实环境的其他植物是否具有同样的关联属性，引导学生利用课后时间继续运用观察、比较的方法，发现并思考植物叶子的外形与环境之间的关系。认识长期生活在不同自然环境下的植物外部形态迥异，启发学生深入思考"植物能适应环境，植物与环境之间相互依存"的概念。帮助学生逐步理解本课中叶子颜色不同、骆驼刺叶退化的科学问题。

8.3.3　学案设计

园艺作物识别与鉴赏

1. 我们的身边生长着千姿百态的绿色植物，虚拟现实教学资源里有 20 多种植物，你们能又快又准地找到龟背竹、孔雀木、君子兰、常春藤、虎皮兰这 5 种植物吗？
我找到了 (　　　　　　) (　　　　　　) (　　　　　　) (　　　　　　) (　　　　　　)。

2. 进入虚拟情境，仔细观察孔雀木的叶，你能画出叶的形态结构吗？

3. 这节课讲到五种公共场合常常摆放的园艺作物。如果把它们摆放到我们学校的楼门前、楼梯的拐角处、教室里，你会怎么安排呢？

楼门前：　　　　　　　　　理由：

楼梯的拐角处：　　　　　　理由：

教室里：　　　　　　　　　理由：

第 9 章

人体血管漫游

9.1 教学背景分析

　　血管是人体内血液流动的管道，与血液和心脏共同构成人体内进行物质运输的血液循环系统。根据其结构特点和功能，血管分为动脉血管、静脉血管和毛细血管。学生对血管这一名词是熟悉的，但是由于血管分布在人体内，既看不见，也摸不着，所以学生又会对血管感到陌生。

　　在传统教学中，针对这样的鲜活知识，教师主要采用图片、视频观察的方式把人体内部结构呈现给学生，学生接收到的知识是零散的，且有距离感，学习兴趣不高。借助"人体血管漫游"虚拟现实教学资源，学生可以不受空间限制，体验进入三种血管内部，观察它们的结构特点和功能，初步形成生物体结构与功能相适应的生命观念，提升学习兴趣，为初中的进一步学习打好基础。

9.2 本课虚拟现实教学资源特色

"人体血管漫游"虚拟现实教学资源包括 2 个模块

1. 进入人体血管	在该模块中，学生可以观察血管中红细胞的活动。
2. 漫游人体血管	在该模块中，学生可以观察血管中的物质。

　　本资源适用于小学五、六年级教学。

9.2.1　进入人体血管

　　学生进入人体血管（见图 9-1）后，可以观察血管中红细胞的流动。还可以观察、了解 X 染色体、病毒、神经元、细胞、细胞结构等其他物质。可抓取细胞结构模型进行任意角度观察。

学生观察并了解神经元的外形结构，如图 9-2 所示。

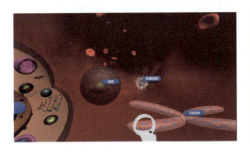

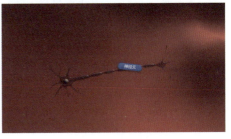

图 9-1　进入人体血管　　　　　　　　　　图 9-2　神经元

学生抓取细胞结构模型，进行任意角度观察，了解细胞的内部结构，如图 9-3 所示。

9.2.2　漫游人体血管

学生可以跟随流动的红细胞一起漫游人体血管，观察红细胞的形态，如图 9-4 所示。

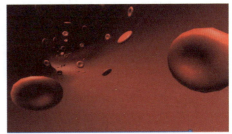

图 9-3　细胞结构　　　　　　　　　　图 9-4　漫游人体血管

9.3　教学过程

9.3.1　教学目标

1. 科学观念

了解血液循环、血液成分及各成分功能等基本知识，形成初步的科学观念。

2. 探究实践

（1）通过实际操作虚拟现实设备，了解血管中的物质及其结构、作用，并做简要解释，增强学生探索实践的能力。

（2）通过自主学习和任务驱动小组探究活动，记录整理信息，表达探究结果，分析、比较、概括出科学探究的结论，并验证假设。

3. 科学思维

培养科学思维，能够通过活动探究解释现象和问题，树立创新思维。

4. 责任态度

培养正确的价值观和强大的社会责任感，遵守科学技术应用的规范。

9.3.2 教学活动过程

1. 情境导入，新课激趣

教师引用实际情境，对本课内容进行导入：对于一个城市来说，交通是其命脉。我们人体内同样存在繁忙的"运输线"，它们将来自消化道的营养物质、来自肺部的氧气，迅速运往身体各处，同时将细胞产生的二氧化碳等废物及时运走。这个运输系统就是遍布全身的大大小小的血管和血管里流动的血液。这节课我们一起来学习血管的知识，了解血液和血管属于人体的什么组织，血液中有哪些成分，又具备哪些功能，以及血液循环系统在我们身体中是如何运转的。下面让我们借助虚拟现实技术一起漫游人体血管，了解血液循环系统。

（1）观看血管漫游视频，初步思考

教师播放血管漫游视频，引导学生先通过视频认识血管。组织学生根据视频内容总结归纳血管的类型和特点，并试着画出血液循环路径图。

学生根据视频做出下列归纳。

学生1：动脉是将血液从心脏送到全身各处的血管，分布位置较深，血管壁较厚且有弹性，血流速度快；静脉是把血液从身体其他部位送回心脏的血管，分布位置较浅，血管壁较薄，弹性小，血流速度慢；毛细血管是连接动脉和静脉的血管，分布广泛，血管壁很薄且血流速度最慢。

学生2：三种血管中，毛细血管最细，只能允许红细胞单行通过，动脉血管和静脉血管较粗。

教师：通过血液漫游视频，同学们快速准确地认识了血管，同学们能否根据前面所学的知识解释，日常生活中输液与抽血时，为什么要用橡皮管扎紧针刺部位的上方？输液时为什么针要朝向上臂？引导学生进行初步思考。

针对以上问题，学生的回答如下。

学生1：因为静脉是将血液从全身各处送回心脏的血管，所以用橡皮管捆扎针刺入部位的上方，是为了让静脉积血膨胀，便于寻找。

学生2：输液时针扎的是静脉，静脉是血液从躯干流向心脏的路径，输液时针朝向上臂是为了让药物更顺利地通过静脉流向心脏，由心脏泵流向全身。

教师假设：当人体受伤发炎时，医生在其臀部注射药物，药物是如何到达受伤部位的？请学生画出药物进入人体后的循环路径，并写出原理。引导学生将所学知识与生活实际联系起来。对血管有了更加深入的了解后，教师向学生介绍虚拟现实设备，指导学生佩戴好虚拟现实头盔，点击手柄进入控制面板，选择"血液观察"，进入虚拟情境，利用手柄抓住血液成分，并仔细观察其特征，引导学生试着将所看到的血液成分画出来，并在观察中了解血液的成分构成（见图9-5）及其功能。

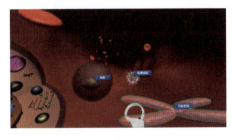

图9-5　血液的成分构成

环节解析

联想比喻，激发学生的探究欲望，培养学习兴趣。情境引入，通过创设情境，引导学生了解血液循环的原理和规律。明确概念，引导学生联系实际，建立科学知识跟实际身体特点的相关联系。

（2）小组活动，自主探讨得出结论

教师组织学生分成小组，以小组为单位，结合情境漫游和生活经验讨论血液中的成分及作用，并记录。在学生讨论结束后，组织学生进行角色扮演活动，每个小组扮演血液中的一种成分。

学生活动：小组内交流讨论，记录讨论结果。每组选出一位代表上台汇报，并找出依据说明自己是血液中最重要的角色。

教师对各小组进行评价，并评选出最佳小组，对各小组所汇报内容进行总结，并对学生汇报过程中的不足和思维误区进行补充说明和纠正。

环节解析

教师创设游戏情境，让学生在情境中学习归纳知识，在不知不觉中接受新知识。同时，培养学生小组合作学习的能力，并锻炼学生组织语言的能力。

2. 展示视频，深度探究

（1）提出问题，合作验证

经过角色扮演环节，教师了解了学生对血管和血液知识的掌握程度。教师引导学生提出问题，做出设想，并利用虚拟现实技术证实猜想。

学生思考交流后，有同学可能提出疑问：当人体受伤时，机体会做出怎样的反应？教师引导其他学生回答："当人体出血时，伤口表层会快速聚集组织液，形成凝块，从而组织血液继续流出，帮助人体愈合伤口。"教师可引导学生进一步思考：凝聚在伤口表层的组织液的主要成分是什么？组织学生小组合作，做出假设，并利用虚拟现实技术，操作手柄，利用学生设想的相关模块验证猜想，得出结论并记录。

学生根据所了解的血液成分知识，在实验操作过程中，使用手柄选择"人体创伤"板块，利用"血小板""红细胞""白细胞"等模块进行实验，得出结论：凝聚在伤口表层的组织液主要成分为血小板，并在实验过程中设定减少血液中血小板的数量，观察伤口处的情况，当血小板数值低于常量时，血液不断流出，伤口难以愈合。

教师对学生探索过程中不足的地方做出指正并拓展：血小板能够释放出凝血因子，从而使凝血的速度加快，并且血凝块形成之后对创面也有保护效果，可以加快伤口愈合的速度。血小板还能够聚集在一起，从而保护细胞内皮。但是血小板的作用可不止于此，血小板还可以营养和支持毛细血管内皮，保持血管壁的完整性。

教师再次设置情境：在人体伤口愈合前，病菌通过伤口侵入人体，出现局部感染，机体又会做出怎样的反应？教师继续引导学生自主探索，学生依然操作手柄，利用虚拟现实技术，通过"白细胞""红细胞""病毒"等模块对设想进行验证。

经过实验，学生发现，当机体有病毒侵入时，白细胞就会迅速地聚集在有害物质的周围，而且数量相当庞大，能够迅速地将有害细菌包围，然后就开始猛烈地围攻，直到有害细菌被杀死。而红细胞在运输氧气和二氧化碳、维持新

陈代谢的同时，在免疫中也有一定的作用，可以协助白细胞和淋巴细胞，清除
异常侵入机体的病原体（见图 9-6 和图 9-7）。

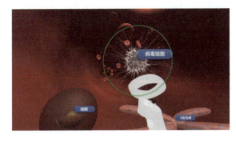 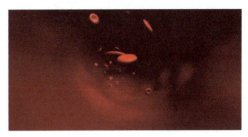

图 9-6　病毒　　　　　　　　　　　　　　图 9-7　红细胞

　　教师小结：白细胞除了消灭细菌，还主要参与机体的免疫应答反应，发挥
强大的抵御能力。当人体出现全身感染或局部感染时，白细胞发挥抗菌抗感染
的作用。红细胞在机体免疫系统中也发挥着至关重要的作用。

　　（2）联系实际，拓展实践

　　教师引导学生联系实际，思考问题：学习了血液循环和血液成分后，同学
们对近两年来困扰我们的新冠病毒了解多少呢？它是否会进入我们的血管？我
们的血液循环对治愈新冠肺炎起着什么样的作用？

　　学生活动：结合本节课所学的血液循环和血液成分知识，小组成员交流探
讨。总结出：新冠病毒存在于人体的血液中，血液循环和细胞活动可以抵御一
定的病毒危害。

　　教师对学生想法中存在的问题进行补充和纠正：新冠病毒可以存在于人体
的血液中，但并不局限在人体的血液中。新冠肺炎是新型冠状病毒感染导致的
肺炎。新冠病毒在整个肺里到处引发炎症，导致数亿个肺泡当中的大多数被阻
塞，使得人体缺氧，无法呼吸。引导学生用本节课所学知识结合生活经验，操
作手柄，利用"新冠病毒"模块，进行病毒的清理，并记录实验过程。

环节解析

　　提出问题，引发学生自主思考，激发学习兴趣；引入生活中的虚拟现
实案例，便于学生理解和思考，让学生认识到虚拟现实技术离我们的生活
并不遥远，引发学生科学就在身边的思考。将实践与教学相结合，在实践中
训练所学的知识，让学生在潜移默化中接收新知识并深入理解，同时培养学
生的实践能力。图（视频）文结合，直观体验虚拟现实和生物科学的魅力。

（3）发散思考，拓展升华

培养学生自主思考和解决问题的能力。

教师用实际病例引导学生发展发散性思维：强大的虚拟现实技术，让我们仿佛置身血管中，研究血管、血液循环的奥秘。刚才提到了几种常见的血管方面的疾病，拿血管堵塞来说吧，大家觉得怎样能够更大可能避免这一疾病呢？

在学生短暂讨论过后，教师适时点拨：血液循环是新陈代谢最重要的途径，而血液也控制着身体的各个部位。在正常情况下，身体会通过血液的流动把需要的能量运送至身体的每个地方，但是有些食物会影响这个过程，比如油腻的食物会使血液变得黏稠，还会在血液中产生过多的脂肪。而当血液中的参数变了之后，我们的身体就会发生一些变化，比如血液中的含氧量会下降，进而给各个器官的供给就会不足。人体血液的流动会带走身体中产生的废物，但是当血液中的参数变化，可能导致带走垃圾的能力下降。垃圾汇总起来可能会带不走，或者是在中途的时候提前"下车"，便只能堆积到血管的某处了，这样到了一定的程度就会造成血管堵塞，从而血液流通的通道就会慢慢地缩小，甚至到几乎没有的程度，就像我们在开车的时候前方突然出现了一起车祸，导致了堵车，谁都过不去一样，因此我们都需要注意日常的饮食生活习惯。

除了虚拟现实，我们再来感受这样一种技术——纳米技术。纳米世界是一个全新的世界，会出现很多我们难以想象的事物，比如电影《复仇者联盟3》中钢铁侠的战甲也是纳米级别的产物，它可以随意变形，不仅材料更加先进，保护性也更强。利用纳米技术，我们可以生产出清除血液中多余的以及对人体有害的杂质的微型医学用品，比如"纳米清扫仪"。清扫仪在纳米技术支撑下，借助虚拟现实探究患者血管疾病和构造细节，精准无误地将目标清扫出身体，最终实现治愈心血管疾病的目的。

虽然这只是电影，但我们完全可以大胆预测，未来的纳米技术一定是科技医学不可忽视的一个领域，从而带领我们走入一个全新的时代。

环节解析

任务驱动，引导学生自主思考、合作探究，在实际操作中，深化学生对知识的理解和记忆，降低记忆负担，激发学习兴趣。深化课堂主题，引入纳米新技术知识，帮助学生发挥科学的想象力，进一步感受科技造福人类的神奇力量。

9.3.3　学案设计

血管漫游	
聚焦问题	面对病毒，机体会做出什么反应？ （1）提出猜想
	（2）验证猜想 利用虚拟现实技术，操作手柄，自主探索，验证猜想，并记录实验过程。
	利用虚拟现实教学资源，认识血液的成分以及各成分功能。

任务：学习血液的成分，进一步了解各成分的功能。填写下面表格。

名称	形态特点	功能	数量异常时的表现
红细胞			
白细胞			
血小板			

利用虚拟现实教学资源，实现对病毒的消灭，体验消灭过程，验证猜想。

任务：根据课程讲解，操作手柄，在血管中探索，体验病毒清理的过程。

科学解释

机体为什么会消灭病毒？

　　病毒感染后，体内就会产生抗体和致敏淋巴细胞，发挥体液免疫和细胞免疫效应。抗体发挥体液免疫作用，可以中和、黏附细胞外病毒，让病毒失去活性，失去吸附易感细胞的能力。致敏淋巴细胞发挥细胞免疫作用，攻击入侵至细胞内的病毒，利用自然杀伤淋巴细胞、细胞毒淋巴细胞对靶细胞的攻击，破坏被感染的细胞，释放出病毒，再被吞噬细胞吞噬。

实际生活中的血管疾病繁杂多样，在体验了虚拟现实技术后，请大家以血管堵塞为例，讨论解决方法，将其写下来，并与同学交流探讨。

第 10 章　　　观 察 家 兔

10.1　教学背景分析

　　家兔是一种小型哺乳动物，性情温顺，但是家兔喜欢磨牙啃木，每天的排泄物比较多，所以不适宜在家中饲养。学生很难在家中或课堂上观察家兔。

　　"观察家兔"虚拟现实教学资源解决了学生无法观察实物的难题，为学生创设了生动有趣的虚拟现实学习情境，能活跃课堂气氛，大大激发学生的学习兴趣。学生可以在虚拟情境中观察家兔的外形、生活环境、运动方式等，分析其特征并加以描述。

10.2　本课虚拟现实教学资源特色

"观察家兔"虚拟现实教学资源包含 3 个模块

1. 家兔的生活环境	在该模块中，学生可以在家兔的生活环境中漫游，观察并了解家兔的生活环境。
2. 观察家兔运动	在该模块中，学生可以观察家兔运动时的动作、形态，了解家兔的运动方式。
3. 家兔的身体结构	在该模块中，学生可以选择家兔的身体结构，观察并了解家兔身体结构的相关知识。

本资源适用于小学二年级教学。

10.2.1　家兔的生活环境

　　在"家兔的生活环境"模块（见图 10-1）中，学生可以"身临其境"，在家兔的生活环境中漫游，观察家兔的生活环境，并通过语音讲解了解家兔的生活环境。

10.2.2　观察家兔运动

在"观察家兔运动"模块（见图 10-2）中，学生可以观察家兔运动时的动作、形态，并通过语音讲解了解家兔的运动方式。在此模块，学生可以得知家兔后肢比前肢更有力，所以适合跑、跳。

图 10-1　家兔的生活环境　　　　　　　图 10-2　观察家兔运动

10.2.3　家兔的身体结构

在"家兔的身体结构"模块（见图 10-3）中，学生可以选择家兔不同部位的身体结构，包括头部、颈部、躯干、四肢、尾部来观察，并通过文字介绍了解家兔身体结构的相关知识，更深入、全面地了解家兔。

图 10-3　家兔的身体结构

10.3　教学设计

10.3.1　教学目标

1. 科学观念

家兔的基本结构包括头部、颈部、躯干、四肢和尾巴五部分，家兔头部有耳朵、眼、嘴、鼻和胡须等器官，后肢比前肢强壮有力，适合跑、跳。

2. 科学思维

能学会用先整体后局部的观察方法进行观察，做好观察记录，会准确描述家兔的形态结构特征。

3. 探究实践

通过进一步学习家兔眼睛的资料，分析"守株待兔"成语中家兔撞柱而亡的可能原因。

4. 态度责任

能够深入细致地观察事物，并进行客观地描述与表达；乐于倾听和交流；增强爱护动物的意识。

10.3.2　教学活动设计

1. 故事导入，激发兴趣

（1）教师设置一个故事情境：我们的森林好朋友洛洛开了一个农场，种了很多蔬菜，可是就在昨天，洛洛的农场发生了一起胡萝卜盗窃案！警察叔叔们一早上调查取证，门卫叔叔描述，昨晚曾经出现过这样一个影子（见图 10-4），农场还留下了这样一些脚印（见图 10-5）。请森林小市民开动脑筋，通过这两个证据来推测一下谁拿走了胡萝卜。说一说你是怎么推测出来的。

（2）学生交流、谈论。大部分同学得出结论：是家兔。

（3）教师继续提问：同学们纷纷猜测偷胡萝卜的是家兔，请同学们来说一说原因吧。

（4）学生举手回答，原因有：

① 影子动物的耳朵非常长。

② 家兔的影子就是这样的。

图 10-4　影子　　　　　　　　　　　　图 10-5　脚印

③家兔喜欢吃胡萝卜。

（5）因为同学们对家兔的脚印并不熟悉，一部分同学认为家兔可能还有共犯，如熊等。

教师不否定学生"熊"这个答案，在下面"认识家兔"的环节中，可对比熊和家兔的脚印。

环节解析

　　故事导入的目的是激发学生的学习兴趣。教师利用"胡萝卜盗窃案"环节，创设故事情境，符合小学二年级学生好奇心强的心理特点。教师提供影子、脚印等信息，调动学生学习的积极性，使其产生强烈的求知欲望，让他们的思维在交流、讨论、回答问题中得到锻炼。在本环节教师留置悬念（是否有熊），为后续利用虚拟现实教学资源认识家兔作铺垫。

2. 虚拟现实情境教学，观察家兔

（1）教师总结：根据同学们刚刚的猜测，家兔有重大嫌疑，现在我们一起先进入虚拟情境，观察家兔的外形和生活习性。然后来判断我们的猜测是否正确。教师指导学生操作虚拟现实设备，进入"家兔的身体结构"模块，自主选择并观察家兔的身体结构。

（2）教师提问：通过观察，你对家兔有哪些了解？请你为自己的判断提供依据。（教师提醒学生采用先整体后局部的方法来观察家兔，再尝试准确描述家兔的形态结构和特征。）

（3）学生回答：家兔耳朵很长，眼睛是红色的，全身是白色的，四肢较短，爱吃胡萝卜，喜欢蹦来蹦去……

（4）教师肯定学生的答案，接下来展示熊的脚印，与图10-5中的脚印图片对比。可以发现：家兔与熊的脚印不完全一样，而且家兔与熊的体型相差甚大。最终可得出：嫌疑人就是家兔。

环节解析

在故事导入中，大部分同学根据已有认知，得出家兔是嫌疑人。在本环节，学生们进一步了解家兔的特征及习性，在分析、比较、论证、解释的过程中，提升其科学思维能力。虚拟现实沉浸式教学带给学生逼真的情境体验，学生观察家兔时，仿佛家兔就在身边。教师通过创设故事，活跃课堂氛围，巧妙地将学生从现实世界带入虚拟世界，引导学生在虚拟情境中观察家兔的结构特征。在故事导入中，有一小部分同学还认为脚印是熊留下的，本环节教师向学生展示更多证据，学生通过观察、对比，验证之前的猜测，得出结论。本课围绕"观察家兔"进行活动，利用虚拟现实技术可以有效开展观察活动，学生可以通过模块，自己动手调整手柄，全方位观察家兔的外部特征。在观察家兔生存环境模块时，学生仿佛置身于其中，更能了解家兔的生活习性。

3. 画出家兔的样子

（1）教师再次设置情境：通过刚才的分析，家兔已经正式被列为重大嫌疑人，可以马上进行拘捕了。但是刚才接到黑猫警长的消息，家兔已经潜逃了！所以，现在我们要发布通缉令！

（2）教师：同学们刚刚已经观察过家兔了，我们已经大概知道了家兔的外形，现在我们一起来帮黑猫警长画出家兔的通缉令吧。

（3）学生活动，根据图10-6进行补充画图。

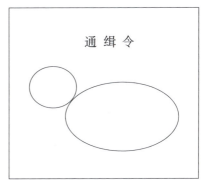

图 10-6　家兔

环节解析

在情境教学中，学生了解了家兔的特征，本环节让学生利用所学知识画出家兔的身体结构，添加家兔的结构细节，检验学生的学习成效。通过让学生运用所学知识，画出"家兔"的画像，将学生从虚拟世界带回到现实世界中，巩固与应用学生在虚拟情境中所学的知识。沉浸式教学依赖于VR技术的发展和相关教学软件的研发推广。教学中，教师采用合理手段引导，利用人机交互的教学互动活跃学生的学习氛围，让技术成为学生自主合作、探究学习、思维发展的助燃剂。

4. 了解家兔的生活环境

（1）教师引导：家兔已经逃跑了，我们现在要拘捕家兔，请大家推测家兔最有可能藏在哪里，并说出你的理由。

（2）学生回答。

① 家兔可能藏在草丛里，因为家兔吃草。

② 家兔可能藏在树洞里，保护自己。

（3）教师：我们再进入虚拟情境，看看家兔的生存环境吧，然后再推测家兔到底藏在哪里。

（4）学生小组讨论、交流，推测家兔可能藏在森林的洞穴中，因为家兔在洞穴中可以更好地保护自己。

环节解析

本环节揭示了家兔在森林中的栖息之处，学生能更全面地了解家兔的生活习性。"观察家兔"虚拟现实教学资源中，学生戴上VR眼镜可以真切地观察家兔的外部特征。随着5G技术的不断发展，VR技术会成为未来教育中不可缺少的一部分，将来也有可能支持远程多人同时在线，可协助教师运用多种方式为学生提供学习帮助，增加学生的学习兴趣，引导学生深入学习。

5. 了解家兔的运动方式

（1）教师：通过大家的努力，我们终于逮捕了家兔。这是家兔逃跑时的视频（展示"观察家兔运动"模块的视频）。森里王国的小朋友们，你们能模仿一下家兔是怎么运动的吗？

（2）学生上台模仿。

（3）教师：再次播放视频，请大家思考为什么家兔会采取这样的运动方式。

（4）学生思考，说出自己的猜想。

① 进化来的。

② 家兔后腿比较强壮。

（5）学生通过观察、模仿家兔的运动，感受到家兔的后肢比前肢更加强壮有力，适合跑、跳。

环节解析

　　本节课的核心是观察家兔，我们利用虚拟现实教学资源开展了多个层层递进的观察、活动环节。最后一个环节使学生们知道家兔有发达的后肢，所以能跑、跳。教师还可以引导学生运用所学知识解释其他动物的运动方式，加深对知识的理解。

6.“守株待兔”中的家兔

（1）教师播放音频资料。家兔的眼睛长在两侧，所以家兔的视野范围比人类大很多，几乎是 360° 的视野，但是也存在一定的盲点，就是家兔眼睛的正前方位置。因此，家兔看不清楚正前方近距离的东西，就算看见也是一个平面影像。

　　请同学们根据自己听到的内容，猜测家兔撞柱而亡的可能原因。

（2）学生开展讨论，进行辩论。

（3）通过辩论，训练了学生们的分析能力，使学生深入理解“守株待兔”的意思。

环节解析

　　“守株待兔”这个成语学生并不陌生，本环节为拓展应用环节，引导学生结合所学，迁移应用，深入思考。同时，这个活动还激发了学生对家兔的喜爱之情和对自然界中其他动物的好奇心。沉浸式学习是通过虚拟现实技术为学生们提供接近真实环境的学习方式。学生可借助虚拟学习情境，全员参与互动。VR 沉浸式教学不仅要让学生与 VR 软件交互，而且要让学生在虚拟情境中参与各种活动，如师生之间的双向互动、学生之间的多向互动。

10.3.3 学案设计

	观察家兔	
一、聚焦问题	1.观察影子及脚印，嫌疑人到底是谁？ 学生提出猜想：_____ 	
	2.验证猜想 （1）利用虚拟现实教学资源，观察家兔的身体特征及习性。 （2）确定嫌疑人就是_____。	
	3.画一画 根据下图，补充出家兔完整的身体特征。 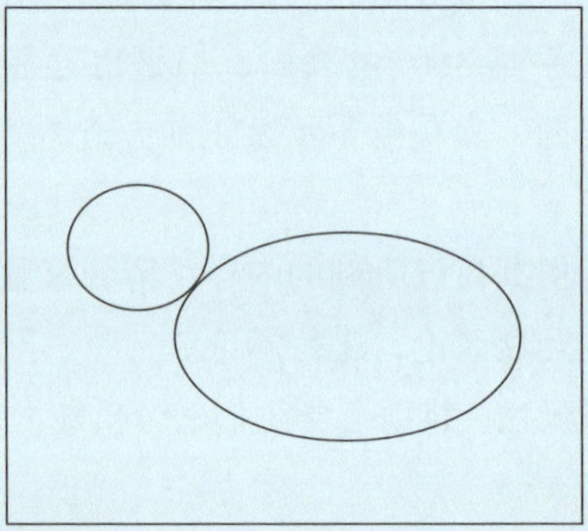	
	4.了解家兔的生活环境。 家兔栖身于_____。	
	5.了解家兔的运动方式。 _____。	
二、拓展应用	请同学们猜测家兔撞柱而亡的可能原因。 _____。	
三、这节课你学到了关于家兔的哪些知识？	_____ _____ _____。	

第三篇

思维可视化类案例研究

第 11 章

探索太阳系

11.1 教学背景分析

　　太阳系是地球所在的天体系统，也是学生们渴望探索却又摸不着的地方。"探索太阳系"虚拟现实教学资源为学生提供沉浸式的体验，学生可自主探索太阳系的奥秘，观察太阳系结构、天体组成、天体的自转、公转等运动以及行星上的特殊地形地貌、彗星与流星等。这有助于帮助学生建立太阳系的空间概念，激发学生探索宇宙奥秘的好奇心和求知欲。

　　传统教学模式无法准确地展示太阳系的空间立体结构，不便于学生深入理解。虚拟现实教学可使学生真实体验、沉浸式观察，实现思维可视化，更有利于建立正确概念，突破教学中的重难点。

11.2 本课虚拟现实教学资源特色

"探索太阳系"虚拟现实教学资源包含 2 个模块

1. 太阳系	在该模块中，学生可以漫游太阳系、观察行星运行轨道、学习行星相关的知识和地球的标志性地点。
2. 流星雨	在该模块中，学生可以学习流星雨的成因，观看流星雨。

　　本资源适用于小学五年级教学。

11.2.1　太阳系

1. 漫游太阳系

在"太阳系"模块（见图 11-1）中，学生可以身临其境般在太阳系中漫

步，了解太阳系八大行星及其卫星的位置分布。

2. 观察行星的运行轨道

学生打开轨道、调节行星运动速度，观察、了解行星的运动轨迹和运动状态（见图 11-2）。

图 11-1　太阳系

图 11-2　行星的运动轨道

观察木星轨道，如图 11-3 所示。

3. 学习行星相关的知识

学生可以选择不同的星体（水星、金星、月球、地球、火星、谷神星、木星、木卫一、木卫二、木卫三、木卫四、土星、木卫六、天王星、海王星、海卫一、冥王星、冥卫一等），观察星体的外观，并通过文

图 11-3　木星轨道

字、语音介绍进行相关知识的学习。学习木星介绍，如图 11-4 所示。

图 11-4　木星介绍

11.2.2 流星雨

1. 学习流星雨的成因

在"流星雨"模块中，学生可以观察流星雨的形成过程，学习流星雨的形成原理，如图 11-5 所示。

2. 观看流星雨

在这个模块中，学生不仅能学习流星雨的原理，还可以随时随地观看一场流星雨，如图 11-6 所示。

图 11-5　流星雨的形成原理　　　　　图 11-6　观看流星雨

11.3　教学设计

11.3.1　教学目标

1. 科学观念

认识太阳系八大行星的名称和排列顺序，发现自转、公转规律，初步建立太阳系的空间概念。

2. 科学思维

在利用虚拟现实教学资源探究太阳系的过程中，培养空间想象力和抽象思维，并在建模思维下初步构建概念模型。

3. 探究实践

能用虚拟现实教学资源开展实证探究，通过看到的行星运行轨道，总结、分析行星的排布顺序，以及自转、公转等特点。能用橡皮泥制作模型，物化概念模型。

4. 责任态度

体验新技术为探索宇宙带来的便利，培养严谨的科学态度和实事求是的科学精神。

11.3.2　教学活动设计

1. 话题引入，激发兴趣

教师谈话：在此前的学习中，我们已经初步了解了有关太阳、地球、月球等天体的知识。它们在遥远的宇宙中，又是如何排布和运动的呢？今天，老师为大家带来了一艘"宇宙飞船"，它能搭载我们飞出地球，去遥远的宇宙看一看。我们出发吧！

> **环节解析**
>
> 通过话题引入，出示"宇宙飞船"——虚拟现实头盔和手柄，激发学生进一步探索的兴趣。

2. 认识太阳系的组成，了解天体的排布规律

（1）利用虚拟现实教学资源和设备观察太阳系的组成

教师：请大家戴上虚拟现实头盔，并按照提示操作。现在"宇宙飞船"带我们飞到了一个以太阳为中心的天体系统，这个天体系统叫作太阳系，地球、月球都在这个天体系统之中。下面请同学们自由观察，这个天体系统中还有哪些其他的天体？把你的发现填写在记录单上，然后尝试总结，用语言描述太阳系是什么样子的。

学生：利用虚拟现实教学资源和设备开展自主探究，通过菜单自主选择观察视角（见图 11-7），观察太阳系的天体组成，发现诸多行星、卫星等。

教师：根据刚才的观察，说一说，太阳系是什么样的？

学生汇报发言，同时展示记录单。

学生汇报时佩戴虚拟现实设备，边操作边汇报：观察到了水星、月球、地球、木卫一等，老师和其他学生通过投屏同步观察汇报学生设备中的画面。通过虚拟现实资源和设备，学生思维实现可视化，建立起太阳系的空间概念。

学生可以通过点击"自由视角"下拉菜单栏，自主选择观察视角，到达某一个天体表面就能学习该天体的基本知识，还可以通过操作手柄旋转星球，进

图 11-7　学生通过菜单自主选择观察视角

行全方位的观察。沉浸式学习太阳系的行星特征、观测奇妙的天文现象等，满足了学生探索太阳系奥秘的好奇心，实现了在宇宙中观测太阳系的梦想，符合《义务教育科学课程标准（2022年版）》中"激发学习动机，加强探究实践"的课程理念，有助于科学素养的形成。

教师：大家刚才汇报了自己的发现，太阳系中有很多天体。我们刚才看到的天体可以分为两类，一类叫行星（如水星、金星等），一类叫卫星（如月球、木卫一等）。

（2）了解天体的排布规律

教师：刚才提到的这些天体是杂乱分布的吗？它们的位置有什么特点？

引导学生进入"太阳系"虚拟现实教学资源，点击"开启轨道"按钮进行观察，如图 11-8 所示。

图 11-8　学生可自主选择开启/关闭轨道，观察天体的排布规律

通过观察，学生发现天体是按照距离中心天体的远近分轨道有序排布的，形成空间轨道概念。教师进一步追问：这些天体的位置有没有特征？他们是怎样排布的？此时学生头脑中已经形成太阳系天体的轨道排布特征，思维在虚拟情境中实现可视化，学生能够用规范的语言准确描述自己的所想所思，

如描述出水星在距离中心天体太阳最近的轨道上，紧挨着它的是金星。学生可以一边发言，一边沿着轨道摆放八颗行星的位置，按照距离太阳由近及远的顺序，依次是水星、金星、地球、火星、木星、土星、天王星、海王星。

学生总结：每颗行星都排布在特定的轨道上。

其他学生和教师通过投屏同步观察，互相评价、纠正和交流。

（3）用橡皮泥还原太阳系的天体组成

教师：刚刚大家学习了太阳系的组成及天体排布规律，下面让我们自己动手用橡皮泥制作一个太阳系的模型。

材料：各种颜色的橡皮泥、纸板、笔等。

学生利用各种颜色的橡皮泥制作行星模型，按照距离太阳的远近依次排布。在制作过程中，教师引导学生发现并尝试解答以下问题：每个天体是什么颜色的？每个天体有多大？每个天体距离太阳远近的数值是多少？要想模型与真实情况尽可能相符，等比例还原，学生还需要仔细观察"太阳系"虚拟现实教学资源中展示的情境，或者查阅更多数据。

教师为学生提供辅助资料（有条件的可以采用互联网引擎搜索），允许学生反复观察"太阳系"虚拟现实教学资源中展示的情境，里面有天体信息的详细介绍（大小、颜色、特征等），辅助学生完成太阳系行星模型制作。

学生交流展示，利用实物投影展示各组的太阳系模型，进行互评、交流和改进。

环节解析

　　虚拟现实技术为本课带来了全新的授课模式，弥补了传统教学模式中只能展示图片、视频资料的不足。利用虚拟现实教学资源，学生能身临其境般观察太阳系的空间排布及天体组成，实现思维可视化，在头脑中建立空间概念。学生可以在虚拟情境中，实现自主观察、探究，充分满足了个性化学习需要，教师不必再为激发学生学习动机而苦恼。学生在观察太阳系虚拟情境后，还要用橡皮泥制作太阳系行星模型。教师引导学生利用互联网检索资料、数据，配合虚拟现实教学资源进行自主探究，进而不断修正自己的认知，形成精准的科学观念和科学思维。教师可以通过模型制作检验学生在虚拟情境中的学习成效，课堂评价也可随时完成。

3. 观察行星的自转与公转，了解天体的运动规律

教师提问：大家刚才完成了太阳系行星静态模型制作。请问，同学们觉得这些天体是静止不动的吗？

学生回答：不是，天体在运动。

教师进一步追问：天体究竟是怎样运动的？让我们利用虚拟现实教学资源，进一步观察，填写记录单。（操作提示：可以点击"开启轨道"，自主控制速度（见图 11-9），以便更清晰地观察行星和卫星的运动）

图 11-9　学生可自主控制速度，观察天体的运动

学生通过观察，发现行星存在自转和围绕太阳的公转，并且速度各不相同。

教师总结：太阳系中的行星存在自转和公转两种运动，进一步明确行星和卫星的概念。围绕中心天体太阳（恒星）运转的天体是行星，围绕行星运转的天体是卫星。

环节解析

利用"太阳系"虚拟现实教学资源，学生可以观察太阳系行星的自转及公转，进一步理解天体的运动规律，实现思维可视化，并能更准确地理解自转、公转概念。

4. 观测美丽的流星雨

教师：今天我们乘坐"宇宙飞船"来到太空，除了遨游太阳系，老师再邀请大家观测一场美丽的流星雨吧！

学生：进入"流星雨"虚拟现实教学资源，观测流星雨，了解流星雨的形

成原理。

环节解析

"流星雨"虚拟现实教学资源能够营造真实的空间体验感和沉浸感，使学生观测到平时不常见的美丽流星雨，满足学生的好奇心，激发学生探索宇宙奥秘的兴趣。

5. 总结和延伸

教师：通过今天的太空旅行，大家一定收获满满，我们了解了太阳系的组成、行星排布规律，也知道了自转和公转现象。其实宇宙的精彩远不止这些，希望今天的旅行能带大家敲开神秘太空的大门。接下来，你们可以继续去发现、去探究！

环节解析

总结本课重点知识概念，强化教学重难点，引导学生进一步探究、思考，鼓励、激发学生的探索热情。

11.3.3　学案设计

探索太阳系	
活动一	我观察到，太阳系的组成天体有：（　　　　　　　　　　　），可以初步分类：（　　　　　　　　）和（　　　　　　　）
活动二	我发现，太阳系的八大行星是（　　）、（　　）、（　　）、（　　）、（　　）、（　　）、（　　）、（　　）。（按距离中心天体由近至远顺序排列）
活动三	行星存在运动：（　　　　）和（　　　　），都有自己的运动周期。

第 12 章 　　　　　　　　日食的成因

12.1　教学背景分析

　　日食和月食是特殊的天文现象。当月球运行到太阳和地球中间，如果三者正好处在一条直线时，月球就会挡住太阳射向地球的光，月球身后的黑影正好落到地球上，这时发生日食现象；当地球运动到太阳和月球中间，如果三者正好处在一条直线时，地球就会挡住太阳射向月球的光，地球身后的黑影正好落到月球上，这时发生月食现象。本课设计利用事实性资料帮助学生建构模型，并在不断制造认知冲突中，分析修正模型。在此过程中，培养学生探究能力，发展科学思维，形成科学态度。

　　在日常教学中，学生对于宇宙天体的认识很难通过语言及文字呈现出来。借助"日食和月食"虚拟现实教学资源，学生可以置身于宇宙当中，把头脑中的天体位置关系呈现出来，使思维可视化。学生通过观察天体的运动与位置关系，甚至改变天体的运动轨道，探究日食和月食的成因，根据资料进行推理论证，逐渐深化对日食和月食成因的认知，增强探索宇宙奥秘的兴趣与动力。

12.2　本课虚拟现实教学资源特色

"日食和月食"虚拟现实教学资源包含 3 个模块

1. 宇宙漫游	在该模块中，学生可以漫游太空，观察行星运动轨迹、白道与黄道位置、地球定位，学习地球与月球的相关知识。
2. 日食成因	在该模块中，学生可以学习日食成因，观察日全食、日环食、日偏食。
3. 月食成因	在该模块中，学生可以学习半影、本影、月食成因，观察半影月食、月偏食、月全食。

本资源适用于小学五、六年级教学。本课主要使用的是"日食成因""月食成因"模块。

12.2.1 宇宙漫游

1. 宇宙漫游

在"宇宙漫游"模块（见图 12-1）中，学生可以漫游宇宙，了解太阳、地球、月球三者的位置分布。

2. 观察行星运行轨道

打开轨道，调节运动速度，学生观察、了解地球和月球的运动轨迹和运动状态，如图 12-2 所示。

图 12-1 宇宙漫游

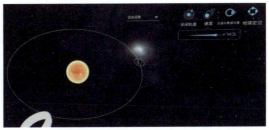

图 12-2 地球和月球的运动轨迹

3. 观察白道与黄道位置

切换白道与黄道的角度，学生可以观察白道与黄道之间的角度，联系日食和月食的发生，思考白道与黄道之间的角度，如图 12-3 所示。

4. 地球定位

学生可以切换春分、夏至、秋分、冬至四个节气时间，观察不同时间下地球所处的位置。观察秋分时的地球位置，如图 12-4 所示。

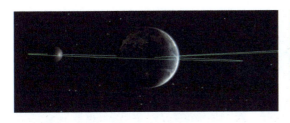

图 12-3 白道与黄道 5° 角

图 12-4 秋分时的地球位置

5. 学习行星相关知识

学生可以选择地球或月球，近距离观察天体的外观，并通过文字、语音学习相关知识。月球介绍，如图 12-5 所示。

图 12-5　月球介绍

12.2.2　日食成因

在"日食成因"模块中，学生可以观察日全食、日环食、日偏食，学习日食的成因。

1. 观察日全食

学生可以选择太阳视角或俯视视角观察日全食，通过文字和语音介绍学习日全食的成因。选择本影（见图 12-6），观察月球在地球上的投影。可在进度条中查看日全食的初亏、食既、食甚、生光、复圆五个阶段。

2. 观察日环食

以俯视视角观察日环食，学生可以学习日环食的成因。可以选择并观察月球的伪本影（见图 12-7）。在进度条中查看日环食的初亏、食既、食甚、生光、复圆五个阶段。

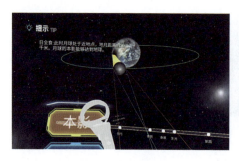

图 12-6　日全食

图 12-7　日环食

3. 观察日偏食

在俯视视角观察日偏食，学生可以学习日偏食的成因。可以选择并观察月球的半影。在进度条中查看日偏食的初亏、食甚、复圆三个阶段（见图 12-8）。

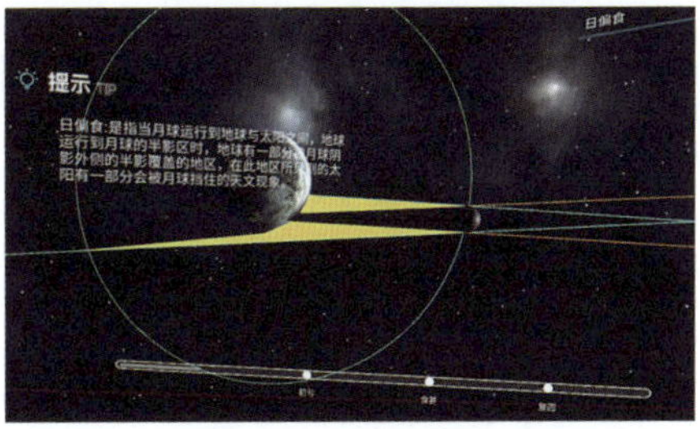

12.2.3　月食成因

图 12-8　日偏食

1. 学习本影区、半影区

在"月食成因"模块中，学生可以在俯视视角学习本影区、半影区的相关知识。半影区介绍，如图 12-9 所示。

2. 观察月食

在月球视角（见图 12-10）观察地球半影和本影，学生可以通过进度条查看半影月食、月偏食、月全食，并通过语音和文字介绍学习其成因。

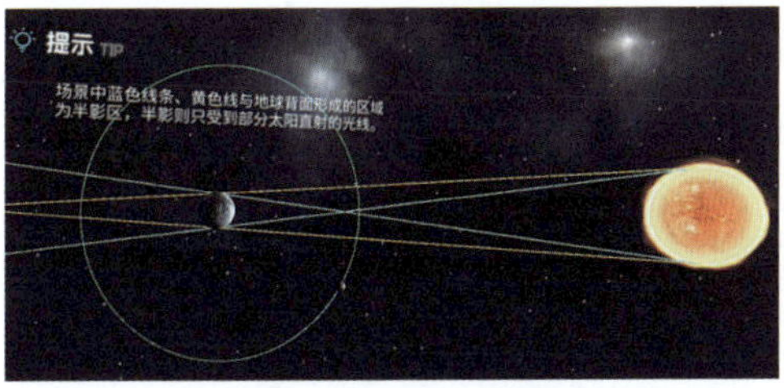

图 12-9　半影区介绍

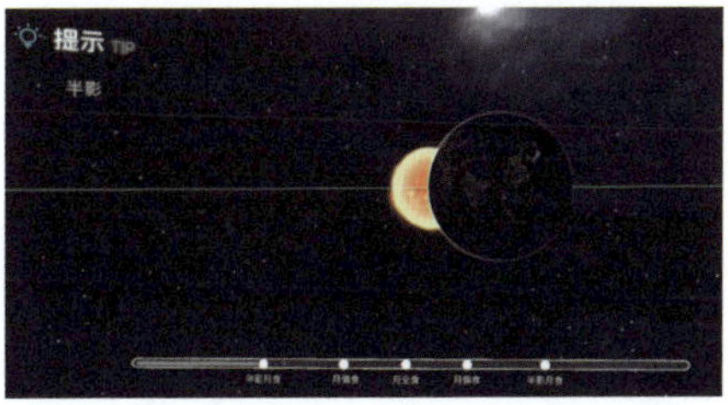

图 12-10　月球视角

学生可以用俯视视角（见图 12-11）观察月食的全过程，选择并观察地球的半影或本影。

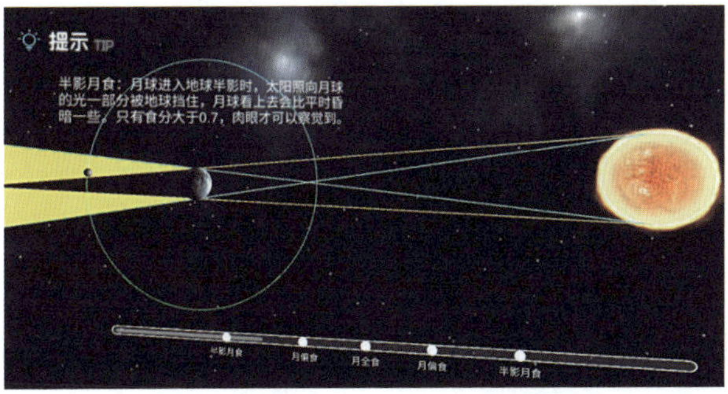

图 12-11　俯视视角

12.3 教学设计

12.3.1 教学目标

1. 科学观念

建立模型，模拟日食的形成，认识日食形成的原因。

2. 科学思维

通过观察太阳、地球、月球的相对位置与相对运动关系，建构日地月轨道模型；运用推理论证，逐步完善模型，发展模型建构、推理论证，促进科学宇宙观的形成。

3. 探究实践

初步具有获取事实和资料、建立模型的能力，并不断修正对日食成因的认识；初步具有进行日食成因的模拟实验的能力。

4. 态度责任

欣赏日食奇观，产生研究日食的兴趣；通过不断建构日、地、月三个天体的运动模型，寻求解释，作出合理判断。

12.3.2 教学活动设计

1. 聚焦话题，激趣导入

教师出示图片，询问学生图片中是什么天文现象。

学生观察图片后一致认为是日食现象（见图 12-12）。

教师解释：日食是一种自然现象，很多天文爱好者都会亲身观测日食现象。（播放天文爱好者观看日食的视频资料）同时再次提问学生：日食是什么样子的？天文爱好者看到日食发生时是什么样的表现？

学生描述日食现象及观测者的态度：

① 太阳变暗了。

② 太阳被黑影遮住了，看不见太阳了。

③ 太阳被月球挡住了。

④ 观测者非常激动。

图 12-12 日食现象

教师引导学生分析天文爱好者观测日食的表现，感受日食这一天文奇观的神奇。

环节解析

聚焦日食现象，暴露前概念，激发学生研究日食的兴趣。

2. 探究日食成因，建立日地月轨道模型

（1）依据前概念，初步建构日食成因的模型

① 教师引导学生猜想：日食可能是怎么形成的？

② 学生根据对日食的猜测，画出三个天体的位置关系，汇报交流：

学生一致认为发生日食要满足两点，一是月球挡住了太阳，二是当日、地、月处于一条直线上，且月球在中间时，太阳发出的光被月球遮挡。

③ 教师根据学生的初次猜想再次提问学生：怎样证明是月球遮挡了太阳光？

学生继续深入猜想：

a. 遮挡住太阳的是个圆形阴影，天空中的月球看起来就是圆形。

b. 从地球上看遮挡物的大小和太阳差不多，月球看起来比较合适。

c. 书上写的、网上看的等。

④ 活动：（屏幕出示太阳图片）用手指遮挡住大太阳。

教师引导学生分析：小小的月球怎么能遮挡住大大的太阳？

学生尝试用手指遮挡住屏幕上的太阳照片，在尝试过程中发现，当手指距离眼睛近时，可以完全挡住屏幕上的太阳，手指距离眼睛远时，无法完全遮挡住屏幕上的太阳。

教师借助用手指遮挡住屏幕上的大太阳这一活动，让学生感受到了近大远小的遮挡效果，从而想到小小的月球也能遮挡住大大的太阳。

⑤ 根据目前的了解，让学生图文并茂地将日、地、月的位置关系呈现出来。

⑥ 表达汇报：日、地、月三者成一条直线；月球在中间；月球遮挡住太阳形成日食。

（2）借助虚拟现实设备，观看日食现象

在"日食成因"虚拟情境中，学生调整日、地、月相对位置（见图 12-13），观察日、地、月三点一线的情况下，有无日食现象产生。以地球视角看日食，如图 12-14 所示。

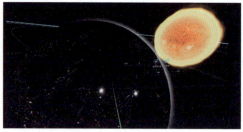

图 12-13　调整日、地、月相对位置　　　　图 12-14　地球视角看日食

（3）提供事实依据，修正日食成因的模型

① 教师引导学生思考：日、地、月三个天体的位置关系是固定不变的吗？

学生能够说出它们之间的位置在变化，否则就会一直处于遮挡的状态了，所以日、地、月三个天体的位置关系是运动变化的。

深入思考三个天体是怎样运动的？运动有什么规律？

② 学生交流：地球围绕太阳转，月球围绕地球转。地球公转周期：365天，方向是自西向东；月球公转周期：约 28 天，方向是自西向东。

教师请同学们将三个天体的运动轨道画出来。

③ 学生汇报结果，并建立三个天体的轨道模型。

（4）产生认知冲突，进一步修正日食成因的轨道模型

① 学生借助"日食成因"虚拟现实演示实验，运转模型观测日食，如图 12-15 所示。运转模型，模拟月球遮挡太阳，形成日食现象。当发生遮挡现象形成日食时进行记录，多次重复。

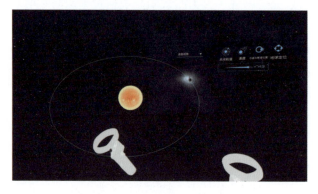

图 12-15　运转模型观测日食

教师询问学生在实验中有什么发现？

学生会发现一年里会发生 12 次日食，每个月能看到一次。

教师为学生提供近十年世界各地日食发生时间记录表（见图 12-16），只要在地球上能观测到日食，就会被记录在表中。

近十年世界各地日食发生时间记录表			
2011.01.04	2013.11.03	2016.09.01	2019.01.06
2011.06.01	2014.04.29	2017.02.26	2019.07.02
2011.11.25	2014.10.23	2017.08.21	2019.12.26
2012.05.20	2015.03.20	2018.02.15	2020.06.21
2012.11.13	2015.09.13	2018.07.13	2020.12.14
2013.05.10	2016.03.09	2018.08.11	2021.06.10

图 12-16　近十年世界各地日食发生时间记录表

② 学生观察和分析"近十年世界各地日食发生时间记录表"，日食每年出现两次或三次，并没有一年发生 12 次的情况，这和他们的猜想不一致，于是产生认知冲突，对已建立的日、地、月轨道模型提出质疑，再次进行猜想：

a. 可能是地球和月球的轨道形状不是正圆。

b. 可能地球和月球的轨道不在同一平面上。

③ 教师引导学生思考：可能与什么因素有关？

学生分成小组，借助虚拟现实教学资源和设备进行研究：

a. 为了验证轨道形状是否会影响一年里日食的出现次数，学生通过将地球或月球的轨道调整为圆形或椭圆形，观察日食出现次数。

b. 为了验证轨道不在同一平面上是否会影响一年里日食的出现次数，学生通过调整地球和月球的轨道所处平面（黄道面和白道面）夹角，观察日食出现次数，如图 12-17 所示。

④ 学生交流汇报：

a. 通过模拟发现，轨道形状不是正圆，不影响一年里日食出现的次数。

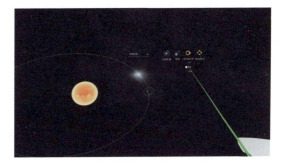

图 12-17　调整轨道形状或倾斜角度

b. 通过模拟发现，轨道不在同一平面上，会影响一年里日食出现发生的次数。

（5）提供虚拟现实教学资源，再次修正日食成因模型

① 学生借助虚拟现实教学资源认识日全食、日环食、日偏食，了解不同日食的种类，如图 12-18 所示。

图 12-18　不同日食种类

② 学生分析不同日食种类的形成原因，能说出日食种类与月球离地球的远近有关。

学生发现发生不同种类日食的原因可能跟轨道是椭圆形有关，椭圆形时才会有远近变化。

学生根据新的信息再次修改日、地、月的运转轨道。

环节解析

学生基于前面学习的知识，首先确定日食现象与哪些天体有关。以生活中观察到的现象作为证据进行论证解释，初步建立日食成因的静态模型。之后借助虚拟现实教学资源和设备，将学生头脑中的思维在虚拟情境中呈现出来，使思维可视化。引导学生思考日、地、月三个天体的运动状态，将初始的静态平面模型转换为动态平面模型，再到动态立体模型，展现出学生思维发展的过程，借助模型促使学生的思维从二维空间转换到三维空间。通过建立模型的运转结果，以及不断出示的虚拟现实教学资源，学生产生认知冲突，教师引导学生思考和改进模型，培养学生的科学思维。

3. 总结

教师询问学生多次改进后模型的样子。

学生描述并演示日、地、月轨道模型。

教师继续询问学生模型是不是更合理了，哪里还能改进。

学生发表看法，可能提出两个轨道平面的夹角问题，调整模型继续深入研究。

通过本节课的研究，学生发现日食的发生跟轨道有关，且日、月、地之间的运行轨道是复杂的。

环节解析

充分调动学生兴趣，引导学生在课后搜集更多的资料进行研究，不断完善日食成因轨道模型。引导学生运用搜集信息、分析数据、构建模型、推理论证等科学探究方法，逐步建立合理的日、地、月模型。在整个过程中，学生经历了像科学家那样获取大量事实、利用模型多次推理实践、反复论证的过程，凸显了科学实证的本质，培养学生乐于观测、学会分析、批判质疑的核心素养，促进学生形成尊重事实、勇于实践的科学精神。

4. 拓展延伸

学生运用研究日食成因的方法，借助虚拟现实设备对月食的成因继续进行研究。

环节解析

运用所学方法，将日、地、月三个天体的研究持续下去，培养学生自主探究的能力。

12.3.3　学案设计

日食的成因	
聚焦问题	1. 日食是怎么形成的？ 提出猜想：

续表

日食的成因	
聚焦问题	2.构建模型了解日食的成因 （1）建立日、地、月轨道模型 按照初始轨道，操作模型进行实验，观察日食能否形成。 （2）修改日、地、月轨道模型 借助虚拟现实教学资源进一步了解地球和月球的运转轨道，初步认识日、地、月关系。 任务：学习和观察日食现象。 （3）完善日、地、月轨道模型 借助虚拟现实教学资源观察不同种类日食及产生原因，完善日、地、月轨道模型。

第 13 章

磁悬浮列车

13.1 教学背景分析

　　磁悬浮列车是一种现代高科技轨道交通工具，它通过电磁力实现列车与轨道之间无接触的悬浮和导向，再利用直线电机产生的电磁力牵引列车运行。本课利用虚拟现实技术创建了"观察磁悬浮列车"和"组装磁悬浮列车组"两个模块，为学生探秘磁悬浮列车提供了沉浸式学习环境。

　　在"观察磁悬浮列车"模块，学生将对磁悬浮列车的外形构造进行观察。在"组装磁悬浮列车组"模块，学生需要对列车的系统功能和各个组件作用进行综合分析后才能尝试组装。虚拟情境使学生的思维可视化。在这个过程中，学生的推理论证和创新思维得到发展。

13.2 本课虚拟现实教学资源特色

"磁悬浮列车"虚拟现实教学资源包含 2 个模块

1. 观察磁悬浮列车	在该模块中，学生可以近距离参观磁悬浮列车，了解磁悬浮列车的外形构造。
2. 组装磁悬浮列车组	在该模块中，学生可以动手组装磁悬浮列车组。

本资源适用于小学六年级教学。

13.2.1　观察磁悬浮列车

　　在"观察磁悬浮列车"模块中，学生可以在户外场景中漫步，切换水平／仰视两个不同视角，近距离参观磁悬浮列车，了解磁悬浮列车的外形构造。切换水平视角观察磁悬浮列车，如图 13-1 所示。

13.2.2 组装磁悬浮列车组

在"组装磁悬浮列车组"模块中，学生可以自己动手组装磁悬浮列车组，选择组件组装到指定位置，如图 13-2 所示。

图 13-1 水平视角观察磁悬浮列车

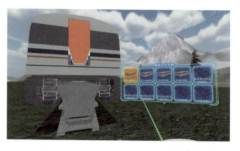

图 13-2 组装磁悬浮列车组

列车组组装完成后，学生可以学习悬浮系统、动力系统、导向系统等的原理，如图 13-3 所示。

学生启动磁悬浮列车，进入磁悬浮列车内部参观，如图 13-4 所示。

图 13-3 悬浮系统原理

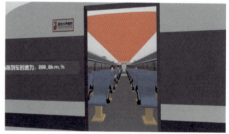

图 13-4 磁悬浮列车内部

13.3 教学设计

13.3.1 教学目标

1. 科学观念

了解磁悬浮列车的构造和运行原理。

2. 科学思维

分析磁悬浮列车的外部结构优势；推理列车的运行原理；辩证分析新旧铁

路运输工具的优缺点；创新设计新的交通运输工具。

3. 探究实践

在探究磁悬浮列车运行原理时，能够设计实验开展探究，明确自己的观点，为证实观点，运用虚拟现实教学资源和设备寻找证据，能够基于证据反思和调整探究活动，最终形成科学的结论。

4. 责任态度

乐于与他人进行沟通交流和辩论科学观点。

3.2　教学活动设计

1. 情境导入，聚焦问题

观看新闻视频，提出问题。

学生观看新闻：2019 年 5 月 23 日 10 时 50 分，我国时速 600 公里的高速磁浮试验样车在青岛下线。这标志着中国在高速磁浮技术领域实现重大突破。

教师提问：关于磁悬浮列车，你们有哪些想探究的问题？

同学们兴趣盎然，纷纷提问。

同学 1：磁悬浮列车悬浮起来后为什么不会脱离轨道？

同学 2：磁悬浮列车是靠什么装置向前运动的？

同学 3：磁悬浮列车的运行速度为什么能够这么快？

同学 4：如何控制磁悬浮列车运行的方向和速度？

……

教师在学生提问的基础上，引导学生发表自己的看法，通过交流互动解答学生的问题。

有的同学根据课外阅读了解到：磁悬浮列车是一种利用磁极吸引力和排斥力的高科技交通工具。排斥力使列车悬起来，吸引力让列车向前开动。还有的同学说："磁悬浮列车与轨道不接触，运行中没有地面摩擦力，这是列车能够快速运行的原因之一。"

经过讨论，教师与学生提出本课要探究的科学问题：磁悬浮列车为什么能够在轨道上快速行驶？

> **环节解析**
>
> 学生通过课外阅读等途径获得了很多关于磁悬浮列车的知识，通过交

流互动使学生之前了解的概念可视化，有利于教师及时调整教学内容。关于磁悬浮列车可探究的内容很多，教师和同学们一起选择出一个大家都感兴趣的、具有探究价值的问题，利用有限的时间和资源共同探究。

2. 探究实验，解决问题

（1）学生进行模拟实验，验证猜想

学生利用磁悬浮列车虚拟现实教学资源进行沉浸式体验，验证磁悬浮列车向前运动的动力是电磁力。通过控制电磁力的大小和方向，可以控制磁悬浮列车的速度和方向。

教师演示自制电池磁力小火车（见图 13-5），学生模仿制作并推理磁悬浮列车的运行原理。

图 13-5　电池磁力小火车

教师展示实验材料：一节碱性电池、一根 1 米长的铜线圈、两块环形磁铁。把两块磁铁按相互排斥的方向分别安放在电池的正负极做成磁力小火车，当你把磁力小火车推进圈管内时，如果有向外排斥的感觉，就把小火车调转方向后重新推入，小火车就会自己运行起来。

学生模仿制作后开始讨论：为什么这个电池装置可以称为电池磁力小火车？电池运动的原理是什么？

学生 1：电池如小火车般能够运动，所以称之为电池磁力小火车。

学生 2：小火车运动的原因是电池产生的电磁力。

学生 3：线圈、电池和磁铁形成了一个闭合环路，这个环路有电流产生，形成电磁力。

学生 4：当电池运动一段时间后，速度会变慢，这是电池的电量不足造成的。

学生 5：线圈的形状决定了电池的运动轨迹，所以电池运动方向也是由电磁力决定的。

……

教师提问：根据这个实验，你们能猜一猜磁悬浮列车的运行原理吗？

学生 1：如果把电池比作列车，那么列车向前的动力应该也是电磁力。

学生 2：磁悬浮列车是靠电磁力得以浮起来。

学生 3：就像电磁力小火车一样，电量的大小可以决定电磁力的大小，进而可以控制列车的速度。

学生 4：铁轨的方向决定了列车的运行方向，所以铁轨上可能也有电，这样会产生电磁力，电磁力控制列车的方向。

学生 5：当断电时，铁轨就没有电磁力了，列车就会停下来；当通电时，铁轨产生电磁力，列车就会动起来。

学生 6：要产生电磁力一定要有通电的线圈，所以磁悬浮列车上应该有通电线圈。

……

教师鼓励学生进行类比推理，并引导学生从多个角度对磁悬浮列车和电磁力小火车进行类比分析。

（2）利用虚拟现实教学资源再次验证

① 了观察磁悬浮列车的外部构造，分析其设计优点。

教师提问：磁悬浮列车的外部构造设计有哪些特点？这样设计的优点是什么？

学生首先进入"观察磁悬浮列车"模块，在虚拟情境中漫步，观察磁悬浮列车的外部构造、特点，分析其优势。

学生 1：观察到磁悬浮列车有像鱼、豹子一样的流线型车头，分析出这样的设计可以在列车高速运行时减少空气阻力。

学生 2：观察到磁悬浮列车在运行过程中与铁轨保持一段距离，分析出这辆列车在运行时与轨道之间不会产生摩擦力，有利于列车快速运行。

学生 3：观察到列车底部环绕着铁轨，分析出这样设计可避免列车在高速行驶过程中出现脱轨现象。

② 组装磁悬浮列车组，验证磁悬浮列车的运行原理。

a. 依据模拟实验结论，进行列车组件设计和推测。

教师提问：猜一猜，磁悬浮列车需要哪些系统才能保证列车正常运行？这些系统工作的原理是什么？需要哪些组件来完成？

学生 1：磁悬浮列车在运行时是悬浮起来的，停止时又是落下来的，我猜测会有一个系统保证它能够悬浮起来，而且是依靠电磁力来实现的。

学生 2：磁悬浮列车向前运动，需要有一个系统控制启动、停止和运行的速度，我猜测这也是依靠电磁力来完成。

学生 3：列车运行的路线是多变的，所以需要转向的功能，我猜测这也需要电磁力来完成。

学生 4：要想产生电磁力就得有通电线圈，我猜测列车上会有多个通电线圈。

学生 5：磁悬浮列车上应该有电源用来控制电流的大小，铁轨的两边应该有电磁铁用来控制列车的运行方向，列车底部应该有电磁铁使列车能够悬浮起来，列车的前部应该有电磁铁使列车能够向前运动。

……

教师引导学生根据前面的模拟实验结论，大胆推测磁悬浮列车的内部组件设计。

b. 进入组装磁悬浮列车组模块，验证推理。

学生进入"组装磁悬浮列车组"模块，根据前面的推测来组装磁悬浮列车组，验证自己的想法。组装正确时，同学会非常兴奋，因为这代表自己的想法与工程师们不谋而合。出现错误时，同学也会沉下心来反思自己的设计哪里不合理，然后继续思考并组装，在不断反思的过程中调整自己对磁悬浮列车工作原理的认识。组装成功后，虚拟情境中会出现关于悬浮系统、动力系统、导向系统的详细介绍，学生可以根据介绍来判断自己关于磁悬浮列车工作原理的推论是否正确。

c. 乘坐列车，体验铁路运输高科技。

组装成功的同学点击"启动"键，列车慢慢地提速，直到时速达到 500 多公里，速度的变化可以在列车的速度显示屏上直接读取出来。同学们在车厢中漫步，直观地感受磁悬浮列车洁净、高速、平稳的乘车环境。

环节解析

在这个环节中，学生经历了模拟实验进行推理，虚拟实验进行验证，最终总结出磁悬浮列车的工作原理的过程，运用了类比推理、观察分析、归纳总结、展开想象等思维方法，学生的推理论证能力和创新思维得到发展。

3. 拓展延伸，创造设计

教师提问：磁悬浮列车和传统的铁路运输比较，有哪些优缺点？

学生 1：磁悬浮列车更节能、环保。

学生 2：磁悬浮列车的建设成本高。

学生 3：磁悬浮列车平稳、舒适，易于实现自动控制；无噪声，不会排出有害的废气，有利于环境保护；可节省建设经费；运营、维护和耗能费用低。

学生 4：传统铁路运输量大，不受天气条件限制，运输网络覆盖范围广。

……

教师布置任务：利用已有知识，设计一个新的交通运输工具并阐述它的优点。

学生展开想象的翅膀进行新的交通运输工具的设计。

同学 1：利用空气动力学设计能够在地面和低空行驶的两用飞行仪，这个交通工具不仅环保，还能缓解城市交通运输的压力。

同学 2：设计以水为动力的交通工具，解决目前不可再生能源紧缺的问题。

同学 3：像科幻小说中的时空门，瞬时实现时空的转换。优点是运输速度快、节省资源。缺点是目前对于时间和空间的研究还不足以支持这一技术。

环节解析

学以致用，学生综合运用自己所学，比较新旧交通工具的优缺点，学会用辩证的眼光看待问题。鼓励学生大胆创新，设计新的交通运输工具。

4. 课后调查

学生利用课下时间，通过多种方式进行调查后绘制运输工具发展史时间轴，展示我国运输工具的发展历程。

环节解析

绘制运输工具发展史时间轴，帮助学生建立生活方式的进步离不开科技的进步这一概念，让学生为我国交通运输业的快速发展而感到骄傲。

13.3.3　学案设计

<table>
<tr><td colspan="2" align="center">探秘磁悬浮列车</td></tr>
<tr><td rowspan="12">聚焦问题</td><td>为什么磁悬浮列车能够在铁轨上快速、平稳地运行？</td></tr>
<tr><td>1. 提出猜想
（1）磁悬浮列车的车型是流线型，有利于它的运行。
（2）磁悬浮列车是以电磁力为牵引力，电磁力的大小和方向决定了磁悬浮列车运行的快慢和方向。
（3）磁悬浮列车利用磁铁"同极相斥"的原理实现悬浮，能有效减少车与轨道间的摩擦阻力，使列车快速运行。
（4）磁悬浮列车与铁轨之间的特殊构造，使磁悬浮列车不容易脱轨。</td></tr>
<tr><td>2. 验证猜想
（1）自制磁悬浮列车
模拟磁悬浮列车实验。
画出：牵引电池向前运动的力。
思考：这个力是谁提供的？

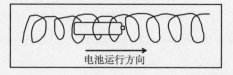
比较实验 1</td></tr>
</table>

电池电量	电池运动速度（快或慢）
电池电量强	
电池电量弱	

我的结论：

比较实验 2

电池进入线圈方向	电池运动状态（进入线圈或退出线圈）
电池正极进入	
电池负极进入	

我的结论：

续表

探秘磁悬浮列车

<table>
<tr><td rowspan="2">聚焦问题</td><td>（2）利用虚拟现实教学资源完成观察磁悬浮列车外部结构的实验
① 猜一猜：为了保证磁悬浮列车平稳地运行，需要具备哪些系统？这些系统需要哪些组件来实现？
② 选择：磁悬浮列车的外部结构接近于图形（　　　）

　　　A　　　　　　　　　　　B

思考：这样设计与豹子、（　　　　　　　　）等动物的外部结构相似，这样设计的优势是（　　　　　　）。

③ 观察磁悬浮列车的尾部。
画出：磁悬浮列车车身与铁轨的关系图。
思考：这样设计的好处是什么？

（3）利用虚拟现实教学资源完成组装磁悬浮列车组的实验并进行乘坐体验，验证猜想</td></tr>
</table>

任务：思考并填空

磁悬浮列车			
系统	悬浮系统	动力系统	导向系统
作用			
组件			
原理			
最高时速			
乘坐感官			

科学解释

为什么磁悬浮列车能够在铁轨上快速、平稳地运行？

磁悬浮列车的外部结构为流线型，并且列车与铁轨之间有着一定的距离，这就减少了空气的阻力和轨道的摩擦力。磁悬浮列车运用了磁铁"同极相斥，异极相吸"的原理。简单地说，排斥力使列车悬浮起来，吸引力让列车开动起来。通过改变电磁铁中电流的大小与方向，可以控制列车的速度与行驶方向。

拓展与反思

比较磁悬浮列车和传统的铁路运输，它们的优缺点有哪些？我们还可以设计出什么样的运输工具来实现长途、大运载量、高速的运输？

课后调查

调查并制作我国运输工具发展史时间轴。

14.1 教学背景分析

湿地仅占地球表面面积的 6%，却为地球上 20% 的已知物种提供了生存环境，具有十分重要的生态功能。湿地是鸟类极佳的繁衍生息场所，学生了解湿地及湿地中鸟的种类、习性，有利于进一步理解生物多样性。但是湿地通常离城市较远，且鸟类易被惊扰，因此学生不太容易去真实的湿地环境中进行鸟类多样性的调查。"湿地鸟类多样性调查"虚拟现实教学资源呈现了典型的湿地场景，展示了湿地中生活的多种鸟类，学生可以近距离、多角度观察鸟类的形态结构和湿地不同区域的生态环境，由此发现不同的鸟生活在湿地的不同区域。

为什么不同的鸟生活在湿地不同区域？怎样推动学生主动探寻鸟类形态结构与环境的关联？虚拟现实教学资源为学生提供了思维可视化的机会，学生可以根据环境特征先推测并搭建出一只鸟的形态，接着去湿地漫游观察某一区域生活的鸟的特征，比对后发现确实有具备这样结构的鸟，逐渐建立鸟类的形态结构、习性等与环境相适应的概念，为自主探究其他动物形态结构与环境的关系奠定知识基础和方法基础。

14.2 本课虚拟现实教学资源特色

"湿地鸟类多样性调查"虚拟现实教学资源包含 5 个模块

1. 湿地观察	在该模块中，学生可以查看地图，在湿地漫游，寻找鸟类，学习鸟类的相关知识。
2. 林区	在该模块中，学生可以在林区漫游，观察林区的鸟类模型，学习林区鸟类的相关知识。

3. 浅水区	在该模块中，学生可以在浅水区漫游，观察浅水区的鸟类模型，学习浅水区鸟类的相关知识。
4. 深水区	在该模块中，学生可以在深水区漫游，观察深水区的鸟类模型，学习深水区鸟类的相关知识。
5. 自我检测	在该模块中，学生要将区域名称与鸟类图片匹配，根据系统评分检测知识的掌握情况。

本资源适用于小学三、四年级教学。

14.2.1　湿地观察

1. 湿地漫游

在"湿地观察"模块（见图 14-1）中，学生可在地图中查看自己和鸟类的坐标，可在包括林区、浅水区、深水区的所有区域漫游，观察不同区域的生态环境。

2. 学习鸟类相关知识

学生可以寻找鸟类，学习鸟类的名称、基本特征、习性等相关知识，并且可以听到不同鸟类的叫声。鸟类介绍，如图 14-2 所示。

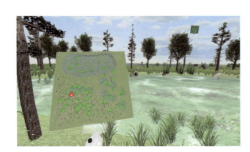

图 14-1　湿地漫游　　　　　　　　　图 14-2　鸟类介绍

14.2.2　林区

1. 观察林区鸟类模型

在"林区"模块中，学生可以在林区漫游，抓取并观察林区鸟类的模型，如图 14-3 所示。

2. 学习林区鸟类知识

学生可以在林区寻找鸟类，学习林区鸟类的名称、基本特征、习性等相关知识。林区鸟类介绍如图 14-4 所示。

图 14-3　林区鸟类模型

图 14-4　林区鸟类介绍

14.2.3　浅水区

1. 观察浅水区鸟类模型

在"浅水区"模块中，学生可以在浅水区漫游，抓取并观察浅水区鸟类的模型，如图 14-5 所示。

2. 学习浅水区鸟类知识

学生可以在浅水区寻找鸟类，学习浅水区鸟类的名称、基本特征、习性等相关知识。浅水区鸟类介绍如图 14-6 所示。

图 14-5　浅水区鸟类模型

图 14-6　浅水区鸟类介绍

14.2.4　深水区

1. 观察深水区鸟类模型

在"深水区"模块中，学生可以在深水区漫游，抓取并观察深水区鸟类的模型，如图 14-7 所示。

2. 学习深水区鸟类知识

学生可以在深水区寻找鸟类，学习深水区鸟类的名称、基本特征、习性等相关知识。深水区鸟类介绍如图 14-8 所示。

图 14-7　深水区鸟类模型　　　　　　图 14-8　深水区鸟类介绍

14.2.5　自我检测

在"自我检测"模块（见图 14-9）中，学生可以将林区、浅水区、深水区名称与三个区域的鸟类图片进行匹配，提交后可以查看得分情况，根据得分检测知识的掌握情况。

图 14-9　自我检测

14.3.1　教学目标

1. 科学观念

观察鸟类及其生活的环境，观察其他动物及其生活的环境，建立动物的形态结构、习性等与环境相适应的概念。

2. 科学思维

运用比较、分析、综合、归纳等思维方法探究适合生存在湿地不同区域鸟类的结构特征，进而能够分析其他动物结构特征与环境的关系。

3. 探究实践

能够在观察湿地和湿地鸟类后提出问题，尝试探究鸟类结构特征与环境之间的关联；能够为验证鸟类结构特征与环境之间相关联的有关推测，运用虚拟现实等信息技术手段寻找证据、处理信息、建立联系；能够将这种学习方法推广到其他动物生态研究，尝试归纳出动物结构特征与环境的关联。

4. 态度责任

乐于观察、分析并进行合理推测；能进行多人探究合作学习，交流自己的看法。

14.3.2　教学活动设计

1. 在真实情境中产生问题

学生佩戴好虚拟现实头盔后，点击左侧手柄进入控制面板，选择"湿地观察"，进入虚拟情境，在情境中自由漫游。

教师引导学生交流讨论：湿地有哪些不同的区域？学生很容易说出"深水区、浅水区、林区"。教师紧接着展示多种生活在这片湿地的鸟的图片，"有很多鸟长期生活在这片湿地，你能尝试找出它们主要生活的区域吗？"学生观察后记录在学习单上。

学生分享自己的判断，并提出以下问题。

（1）生活在林区的鸟有什么特点？

（2）为什么有的鸟生活在浅水区，有的鸟生活在深水区？

（3）为什么湿地不同的区域中生活着不同的鸟？

这些问题是学生结合同伴之间的交流讨论产生的，体现了学生想要寻找鸟类与生活环境相关联的因素。另外，学生也很好奇，为什么其他同学会做出与自己不同的判断，"你是怎么判断的？"学生的回答如下。

学生1：我通过观察它的嘴、羽毛、脚爪的特点来判断鸟生活的区域。

学生2：在林区生活的鸟尾巴比较长。

学生3：看腿长不长，长的生活在浅水区，这样不会被水打湿身体的羽毛。

看来学生观察到鸟类的局部特征，也有意识与生活环境建立联系，但是追问他们鸟类的结构特征与环境之间到底是怎样的联系时，学生说不清楚，这就需要在课堂上突破。

环节解析

　　湿地环境复杂，生存着种类繁多的鸟。通过引导学生观察湿地环境和鸟类特点，引发学生对鸟类多样性的感知，推动其对鸟类的形态与环境、生存需求相关的主动思考。

2. 在解决问题的过程中掌握方法

（1）明确问题

根据大家的交流，水雉到底生活在浅水区还是林区？苍鹭到底生活在深水区还是浅水区？我们要如何判断鸟生活在湿地的什么区域？

（2）搜集事实，处理信息

以浅水区为例，教师引导学生讨论：浅水区是什么样的？将学生的观察结果和看法汇总起来：浅水区水浅、有淤泥、有水生植物和鱼虾等小动物。结合浅水区的环境特征，引导学生继续讨论：鸟类要长期在浅水区生存，它的身体结构是什么样的？学生结合前认知和生活经验，作出了如下推测。

学生1：我认为它的腿和喙比较长。腿长能够站在淤泥里。

学生2：要站在淤泥里不下陷，趾爪可以分开，还要大一些。

学生3：我认为它的脖子也要长一些，这样抓鱼更方便。

学生将推测出的鸟各部分结构特征在虚拟教学资源中一项项选择出来并搭建成一整只鸟的模型。到底有没有具有这些结构的鸟生活在浅水区呢？教师指导学生操作虚拟现实设备，进入虚拟情境，通过查看图片、阅读文字详细介绍或者拿取模型全方位观察来搜集信息。

（3）验证推测

教师引导学生梳理信息，验证推测是否正确。有哪些结构特征跟之前推测的一致？还发现了什么？学生认为生活在浅水区的鸟确实腿长喙长脖子长，另外它们的趾爪分开，也比较长。

及时回顾，梳理出"分析浅水区环境特征—推测在浅水区生活的鸟的身体结构特点—搜集事实验证推测是否正确"的思维路径，便于学生在深水区和林区继续探究，同时，学生已经在头脑中构建起浅水区生活的鸟的基本形态，锻炼了模型建构思维。

（4）迁移巩固

哪些鸟生活在深水区？学生认为可以参照浅水区的思考方法，先分析深水区的环境特征，结合环境特征推测深水区鸟的身体结构，再利用虚拟教学资源拼出整只鸟的样子，再去深水区找到具有这些结构特点的鸟。

结合深水区水深、有可能深不见底，也有水生动物和水草等特点，学生推测生活在这里的鸟最好会游泳。什么样的结构方便在水里游？拥有鸭子那样的脚蹼就可以。什么样的喙有利于捕食鱼虾？扁平的喙可以夹鱼，细长带钩的喙可以叉鱼，有的鸟有大大的囊袋来捞鱼。什么样的喙有利于滤食水草？又扁又大，边缘有小齿的喙可以将水滤出并留下植物残体。学生根据推测在虚拟教学资源中选择各部分结构，拼成整只鸟。接着去深水区漫游，观察发现确实有具备这样结构的鸟生活在深水区。学生重复实践了哪些鸟生活在浅水区的思维路径。

最后，哪些鸟生活在林区呢？学生先分小组讨论交流，有学生认为，"结合林区树多的特点，长期生活在林区的鸟的趾爪要尖或带钩、趾爪分开，这样有助于抓握树枝。"看来学生已经主动将环境和鸟的结构特征联系了起来，并且找到二者勾连的关键——生存需求。学生再次根据推测结果用虚拟教学资源搭建林区鸟的形态，并去林区漫游以验证推测是否准确就更加顺畅了。

学生不断使用虚拟教学资源构建生活在湿地不同区域鸟的形态，将结构特征与环境、生存需求相勾连，最终归纳出"鸟类的结构特征与生活环境相适应"这一科学观念。

（5）自我检测

基于鸟类的结构特征与生活环境相适应这一共识，学生能通过虚拟现实教学资源，将更多种类更多形态的鸟放置到湿地不同环境区域中吗？学生根据评分和答案完成自我评价。

环节解析

　　引导学生明确问题，利用虚拟现实教学资源整理、分析信息并建立联系，掌握思维方法，最终解决问题。

3. 迁移应用，解决问题

（1）学生用所学来解决问题

　　形形色色的动物生活在地球不同环境中，它们是否也会有不同的结构来适应相应的环境呢？

　　此时，学生已经能够运用课上学到的方法，先分析、对比沙漠、热带雨林、非洲草原的环境特征，再观察学习单上几种动物的特征，为它们选择出适合生存的环境，并说一说为什么。

　　但是，有学生对沙漠陆龟、长颈鹿的生活环境提出了疑问。为什么陆龟不生活在湿润有水的地方？以树叶为食的长颈鹿，热带雨林是否更适合它的生存？此时教师需要提供补充资料帮助学生搜集更多信息，以动物自述的形式提供录音资料解决争议。

　　引导学生总结归纳：从湿地到其他环境，长期生活在不同环境中的动物身体结构不同，动物不同的身体结构都是为了适应相应的生存环境。

（2）产生新问题

　　那环境改变会对动物产生影响吗？教师再次抛出新的问题，并讲述桦尺蛾体色变化的故事。学生用自己的语言对问题进行解答。

　　请学生大胆假设，如今社会普遍重视环保，桦尺蛾又会有什么变化？将此问题作为课堂的结束，学生带着问题走出课堂。

环节解析

　　引导学生进行知识迁移，锻炼学生使用学到的思维方法解决复杂情境中真实问题的能力，同时帮助学生初步拓展并建立"环境改变会引起生物改变"的认识。

14.3.3　学案设计

	湿地鸟类多样性调查
一、聚焦问题	这些鸟主要生活在湿地的哪个环境区域？ 林区 浅水区 深水区 1绿头鸭　2白头鹎　3黑脸琵鹭　5秋沙鸭 4大斑啄木鸟 6红隼　7水雉　8白鹈鹕　9苍鹭
二、解决问题	怎么判断鸟主要生活在湿地的哪个环境区域？ 1. 浅水区有＿＿＿＿＿＿＿＿＿＿＿的特点。 2. 推测：我认为能在浅水区生活的鸟类有＿＿＿＿＿＿＿＿＿＿的身体结构，因为＿＿＿＿＿＿＿＿＿＿＿。 3. 在虚拟情境中搜集信息，生活在浅水区的鸟的结构跟我们推测的一致吗？
三、迁移应用	鸟类的结构适应环境，其他动物也有不同的结构来适应所在的环境吗？ 选择：以上动物分别适合生存在哪个环境？ A. 热带雨林　　B. 沙漠　　C. 非洲草原

续表

	湿地鸟类多样性调查
	动物的结构适应环境，环境改变会对动物产生影响吗？
四、拓展延伸	  最初，英国的桦尺蛾以灰色为主，贴在灰白的桦树上不易被天敌鸟类吃掉。　　后来黑烟滚滚熏黑了树干，科学家发现了黑色桦尺蛾。 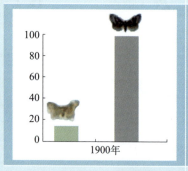 ？ 被熏黑的树干越来越多，_____桦尺蛾数量越来越多。　　今天，环境重新变好了，两种颜色桦尺蛾的数量会_____。

第 15 章　观察和饲养蚯蚓

15.1　教学背景分析

"生命世界"是儿童的乐园，儿童很容易从对花草树木、虫鱼鸟兽的兴趣过渡到对生命世界的好奇心和探究欲，把对生命现象的具体观察和表面认识发展为对生命本质和生命规律的认识。本课利用虚拟现实教学资源，为学生创建了雨后蚯蚓从土壤爬出来的情境，打破教学中时间和空间环境的限制。

在小学科学学习过程中，学生对认识对象感到有趣是一种必然的现象。而在本节课教学中，我们的任务就是要使这种对蚯蚓的短暂兴趣逐渐趋于稳定，为发展学生的科学志趣奠定基础。对于蚯蚓结构进行实地研究的学生并不多，学生也不清楚蚯蚓生活环境和饲养蚯蚓的要求。因此，本节课的教学借助"观察和饲养蚯蚓"虚拟现实教学资源对于蚯蚓的特征进展观察、认识和研究，在猜想与观察的过程中将学生的思维外化出来，让学生联系蚯蚓结构和生活习性进而思考如何饲养蚯蚓。

15.2　本课虚拟现实教学资源特色

"观察和饲养蚯蚓"虚拟现实教学资源包含 3 个模块

1. 模拟下雨后的蚯蚓爬出来的情境	在该模块中，学生可以观察雨后蚯蚓在从土壤中爬出来的情境。
2. 观察蚯蚓运动	在该模块中，学生可以对比相同时间下，蚯蚓在不同面板上爬行的距离。
3. 观察蚯蚓结构	在该模块中，学生可以近距离观察蚯蚓的结构。

本资源适用于小学五年级教学。

15.2.1 模拟下雨后的蚯蚓爬出来的情境

在"模拟下雨后的蚯蚓爬出来的情境"模块中，学生可以通过操控遥控器来模拟一场下雨的情境。学生们仔细观察可以发现，大量的蚯蚓渐渐地从土壤中爬了出来。

15.2.2 观察蚯蚓运动

在"观察蚯蚓运动"模块（见图15-1）中，学生准备装蚯蚓的烧杯、闹钟、光滑面板、粗糙面板。学生可以将蚯蚓放到面板上，观察相同时间内蚯蚓在不同光滑度面板上的移动距离。

15.2.3 观察蚯蚓结构

在"观察蚯蚓结构"模块（见图15-2）中，学生可以选择蚯蚓各部分结构，包括前端、环带、体节、刚毛、后端，仔细观察其位置及形态。

图 15-1 观察蚯蚓运动　　　　　图 15-2 蚯蚓结构

15.3 教学设计

15.3.1 教学目标

1. 科学观念

了解蚯蚓各部分结构，知道自然环境发生变化会对蚯蚓的生存产生影响。

2. 科学思维

通过观察蚯蚓环境变化的实验，学生根据真实情境中的现象，利用虚拟实验进行验证，从而培养其运用观察、分析、推理、归纳、演绎等思维方法，探究蚯蚓合适的生存环境。

3. 探究实践

在教师引导下，学生设计对比实验，探究在水等小环境下，单一环境因素变化对蚯蚓的影响；为证实观点运用虚拟现实等信息技术手段寻找证据、形成科学的结论。

通过对比实验结果的分析，培养学生分析身处真实的、变化的环境中的蚯蚓，有怎样各异的表现，了解蚯蚓的生活环境，学习饲养蚯蚓的方法。

4. 责任态度

增强对生物的研究兴趣，培养爱护生物、尊重生命的意识。

15.3.2　教学活动设计

1. 了解蚯蚓

如图 15-3 所示，学生通过虚拟情境多角度细致地观察了解蚯蚓各部分结构，并完成学习单。

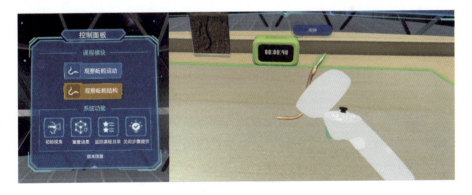

图 15-3　观察蚯蚓活动

环节解析

由于有的学生可能没有见过真正的蚯蚓或没有仔细观察过蚯蚓，教师介绍虚拟情境，帮助学生近距离观察蚯蚓，了解蚯蚓的基本结构。

2. 初步感知蚯蚓的生活环境

（1）"挖"蚯蚓

教师引出本课主题——蚯蚓，并提问学生："在生活中见过蚯蚓吗？在什么地方见过？"大家纷纷举手，表示在下雨过后经常能见到蚯蚓，了解蚯蚓生活在潮湿的环境中。

教师出示模拟公园环境的虚拟情境，其中有潮湿、干燥、泥泞三种公园情境，如图 15-4 所示，让学生进入情境选择自己想要挖掘的区域。教师可以根据学生操作了解学生的选择，个别学生选择干燥区域，而多数学生选择潮湿区域，少部分选择泥泞区域。一会儿工夫，学生们就兴奋地说："我挖到蚯蚓了，真的有蚯蚓！"

图 15-4　模拟公园环境的虚拟情境

学生实践后，教师追问学生选择不同情境挖蚯蚓的原因。有的学生说："我选择的是潮湿的地方，因为蚯蚓虽然喜欢潮湿，但不需要那么多水，如果蚯蚓喜欢水，那为什么不生活在水里。"选择泥泞区域的学生说："蚯蚓喜欢水，但是同样也需要泥土。三种选择都有土壤，就选择了水分最多的泥泞区域。选择干燥区域的学生对于蚯蚓没有接触，并不了解其生活环境。"

（2）模拟雨后蚯蚓的情境

教师出示雨后蚯蚓钻出土壤的情境图。有了上面的实际体验，学生们对于蚯蚓的了解比较深入，接着教师提问：一般在什么时候见到蚯蚓？学生根据生活经验回答道：一般在下雨后，能看到蚯蚓。教师继续追问：蚯蚓不是喜欢阴暗潮湿的环境吗？为什么下雨后，蚯蚓却从积满了水的土壤中跑外面来了，这是怎么回事呢？对于这个在生活很常见的现象，学生们都习以为常，没有去思考其原因。雨后蚯蚓从土壤里爬出来是怎么回事呢？蚯蚓到底是喜欢水多还是水少的环境？

通过这个问题，引发学生认知冲突，让学生尝试解释雨后的蚯蚓从土壤中跑了出来的原因。有的学生解释道：可能蚯蚓喜欢都是水的环境所以跑出来玩儿；还可能是蚯蚓不喜欢下雨后水太多的泥土，所以逃了出去。

教师充分肯定了学生的猜想，但是只凭想象还远远不能说明问题，接下来针对学生提出的第一个问题，教师提问：该如何验证你们的想法？学生答道：将一盆水放在蚯蚓的旁边，观察蚯蚓会不会到水里去，到水里去了说明蚯蚓喜欢水，没有的话说明蚯蚓不喜欢玩水。还有的学生说直接把蚯蚓放在水中，观察蚯蚓的反应。教师根据学生所说拿出几条蚯蚓进行实验，大部分放入水中的蚯蚓逃离水中，少部分蚯蚓在水中扭动。通过观察真实实验现象，学生分析出蚯蚓从水中爬出来可能是因为不喜欢水，少部分蚯蚓在水中扭动，也许是由于身体状态没能逃离水中，所以在水中扭动挣扎。随即实验停止，教师出示虚拟情境，让学生利用虚拟情境继续进行实验。

学生根据自己的猜想进行虚拟实验后，发现蚯蚓几乎不会进入水盆，而进入水盆的蚯蚓过了一段时间后死亡了。学生根据实验结果认为蚯蚓喜欢水的猜想是错误的。

（3）体验雨后蚯蚓从土中爬出情境

贴近学生生活的问题，唤起了学生日常积累但并不是那么真切的相关经验，学生迫切地想要亲自动手试一试。教师顺势将课前准备好的材料提供给学生，出示准备好的实验材料，装着 30 条蚯蚓的养殖盒，喷壶用来模拟自然界中下雨的过程，喷壶里的水量经过教师提前测试，满壶水能将养殖盒完全浸泡。

教师根据学生之前说到的蚯蚓不喜欢水太多的泥土这一观点，引导学生对蚯蚓所能承受的湿度进行猜想，有的学生认为蚯蚓会在养殖盒的土壤完全浸泡后出来，有的学生认为半壶水就会出来。

学生根据自己的猜想进行实验验证，对实验的过程和结果及时记录。实验完成后，同学汇报实验结果，分析自己的猜想是否正确。有的学生在实验中就发现蚯蚓等不到土壤完全浸湿就会出来，因为他选择的是将整壶水都喷进去，但是在水还没有喷完的时候，就已经有蚯蚓从土壤中爬出来了，与生活中的现象一模一样。还有的同学是喷了水后过了一会儿，蚯蚓也会爬出来。

学生分析实验结果，很快就发现了与自己假设接近的结论，最终通过讨论得出结论：蚯蚓喜欢潮湿，但又不能过于潮湿的土壤环境。

（4）探究蚯蚓喜欢的土壤湿度

学生通过实验得出：蚯蚓喜欢潮湿，但又不能过于潮湿的土壤环境。但学生对土壤具体的湿度需要多少还不了解，教师引导学生进行小组讨论，明确探究问题：适宜蚯蚓生存的土壤湿度，让学生结合之前实验中所用水量进行分析猜想。有的同学认为湿度 40% 比较合适，有的认为 80% 比较合适，等等。

在学生有了最简单的猜想之后，教师出示虚拟情境的实验器材，有湿度不同的十种土壤模块，学生可以自主选择拼接，选择蚯蚓数量放在其中。模拟实验开始后蚯蚓会寻找自己喜欢的湿度区域，之后可以自动统计不同模块中的蚯蚓数量。介绍了实验器材后，让学生自主设计实验方案。确定实验方案后，教师带领学生进入虚拟实验室进行实验。

学生做完实验后，分享自己的实验方案与发现，如图 15-5 所示。

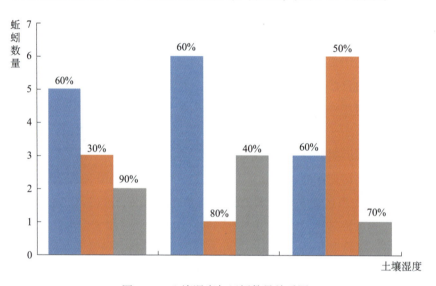

图 15-5　土壤湿度与蚯蚓数量关系图

学生首先选择土壤湿度分别为 30%、60%、90% 进行了实验，这种选择方式体现学生对蚯蚓生存环境的思维过程，知道 100% 的土壤湿度不能选择，湿度太低不符合实际情况，因此选择这三个模块进行首次实验。通过第一次选择，学生了解到土壤湿度太高或太低都不适合蚯蚓生存，在第二次模块选择中缩小土壤湿度的差距，比较精准，能够快速地找到蚯蚓喜欢的土壤湿度并缩小范围，选择了土壤湿度为 60%、40%、80% 进行实验。最后一次选择则是通过前两次的数据铺垫，围绕 60% 的土壤湿度选择了 50%、60%、70% 三个模块，提高了探究的准确度和实验速度。这一过程不断地将学生思维以实验的方式可视化呈现出来，帮助老师了解观察学生的思维过程，使学生更好地在教师引导下构建新的科学概念。

 环节解析

通过体验"挖蚯蚓"活动，出示主题，首先让学生对虚拟情境有一个简单认识，并熟悉操作方法。借助虚拟情境将学生日常中对蚯蚓生存环境的认识展现出来，本课中绝大部分学生都知道蚯蚓需要湿润的环境，但具体程度就不太清楚了。教师利用学生对虚拟情境和蚯蚓的好奇心和求知欲，充分调动学生学习的积极性，同时也将学生的思维过程通过情境进行呈现，从而暴露出学生对于蚯蚓生活环境的前认知。

课前教师对学生进行了解，现在的学生几乎没有近距离观察过蚯蚓，甚至有一部分学生没有见过真的蚯蚓，有部分学生还对蚯蚓有一定的恐惧心理。本环节让学生借助虚拟情境，将蚯蚓放大，更直观、更安全地对蚯蚓的身体结构进行观察，为后面的学习作铺垫。通过日常生活中的现象，学生对蚯蚓的生存环境进行分析，引出认知冲突。以学生的认知冲突为线索，提出探究问题，让学生进行猜想。根据不同问题，教师分别引导学生动手实验，验证自己的猜想。

第一个实验可能导致蚯蚓死亡，为了培养学生尊重生命爱护动物的意识，所以我们在虚拟情境中进行，这样既节约时间，又保护了蚯蚓。利用虚拟实验室来探究适宜蚯蚓生存的土壤湿度，在虚拟情境中学生能够大胆猜想并进行实验。针对学生的很多思维过程，直接的描述是无法完全呈现出来的，因此通过虚拟实验室先给学生提供多种实验材料，学生把自己的思维过程通过实验进行展示。

第二个实验是"水分的多少对蚯蚓的影响"。这个实验简单安全，学生只需喷水，不用直接接触蚯蚓就能观察蚯蚓的活动。而且学生实验前能够对实验结果做出有依据的猜想，预测实验结果。学生在实验中能够仔细观察，对自己的猜想进行分析，比如有个学生预测把水都喷在养殖盆中，蚯蚓才会出来。但是在实验中，水还没喷完，蚯蚓就出来了。这样，学生根据现象修改了自己的猜想，在猜想与观察的过程中将自己的思维外化。

3. 总结拓展

了解蚯蚓的呼吸以及生存需求。

教师提问：同学们通过实验了解，蚯蚓喜欢湿度 70% 左右的土壤，那么水分变多了影响了什么因素，才会让蚯蚓离开？

学生分析土壤中还存在哪些影响蚯蚓生存的因素，学生根据之前对土壤的学习以及动物需要呼吸的认识，提出空气会影响蚯蚓的生存。

教师拓展蚯蚓的呼吸，蚯蚓喜欢潮湿阴暗的环境，水分变多时蚯蚓从土壤里爬了出来，这说明蚯蚓不能呼吸了。因为水进入土壤后，原本空气的空间被水挤占了，空气变少了。蚯蚓需要呼吸，生存环境里水多空气少，蚯蚓就离开原本的生存环境。这也说明蚯蚓在调整自己来适应环境的变化，能让自己更好地生存下去。

教师追问：蚯蚓生存仅仅依靠呼吸吗？它还需要什么？学生能说出空气、水分、食物等因素。这些因素发生变化，就会对蚯蚓的生存产生影响。

环节解析

与植物不一样，动物能够自由运动。对于生活在土壤中的蚯蚓来说，考虑到安全性和动物运动位移等问题，真实的实验难以保证在尊重生命的同时，让学生完成进一步思考的探究任务。总结拓展环节以新问题结束本节课，增强学生对蚯蚓与环境相适应的认识，并产生对这个内容继续探究的学习兴趣，将学生兴趣和思维引向更广阔的天地，激发学生课后探究的热情。培养学生爱护小动物，尊重生命的意识。

15.3.3 学案设计

观察和饲养蚯蚓	
一、引发思考	借助虚拟情境观察：当生活环境发生变化时，蚯蚓会受到影响吗？会受到什么影响？
二、聚焦问题	为什么雨后蚯蚓从土壤里爬出来？ 设计对比实验，探究雨后蚯蚓从土壤爬出来的原因。

续表

观察和饲养蚯蚓		
二、聚焦问题	实验设计：蚯蚓喜欢生活在（　　　）的环境中。	
	猜想：	
	材料：	
	相同条件：	不同条件：
	实验步骤：	
三、拓展延伸	通过虚拟现实技术观察蚯蚓的身体结构，你认为蚯蚓在土壤中爬行与蚯蚓的哪个结构有关系？ 前端　环节　后端　刚毛	

第 16 章

蚂蚁的通讯

16.1 教学背景分析

　　动物能通过不同的感觉器官来感知环境变化和进行信息沟通。蚂蚁是生活中十分常见的昆虫，蚂蚁的集体觅食行为是展示动物感知外界环境和通讯奥秘的典型案例。学生利用"蚂蚁的通讯"虚拟现实教学资源观察蚂蚁寻找食物时彼此交流的现象，透过现象比较分析蚂蚁之间交流的形式，认识蚂蚁的感觉器官——触角；沉浸式观察蚂蚁的洞穴，了解蚁穴的生活分区和不同蚁种的分工差异，更好地体会生命的神奇。

　　学生可以自主选择虚拟教学资源，实现自己关于蚂蚁感觉器官和蚂蚁间通讯方式的实验设计，如对蚂蚁不同感觉器官的遮挡、交换蚂蚁寻找食物时通过的纸桥等。学生的思维方法和思维发展过程与虚拟实验操作步骤的选择和设计，形成相互印证的统一。

16.2 本课虚拟现实教学资源特色

"蚂蚁的通讯"虚拟现实教学资源包含 2 个模块

1. 蚂蚁通讯	在该模块中，学生可以观察蚂蚁的觅食行为，分析蚂蚁的通讯方式。
2. 参观蚁穴	在该模块中，学生可以查看蚁穴地图，在蚁穴中移动，寻找蚂蚁，并学习蚂蚁种群中蚂蚁的组成和分工。

　　本资源适用于小学三年级教学。

16.2.1 "蚂蚁通讯"模块

　　在"蚂蚁通讯"模块（见图 16-1）中，学生可以将面包屑放在纸桥上，观察蚂蚁的行为。将纸桥位置调换，再次观察蚂蚁的行为，并分析蚂蚁的通讯方式。

图 16-1　蚂蚁通讯

16.2.2　参观蚁穴

1. 参观蚁穴

在"参观蚁穴"模块中，学生可以进入蚁穴，学习蚁穴各个区域的名称和功能，包括食物储存区、休息区、王宫、卵室、幼虫室、垃圾场，如图 16-2 所示。学生可以进入不同区域进行学习，进入食物储存区，如图 16-3 所示。

图 16-2　参观蚁穴

图 16-3　进入食物储存区

2. 学习蚂蚁相关知识

学生可以寻找蚁穴中分工不同的蚂蚁，包括工蚁、兵蚁、蚁后等，并学习相关知识。关于蚁后的介绍，如图 16-4 所示。

图 16-4　蚁后介绍

16.3 教学设计

16.3.1　教学目标

1. 科学概念

（1）知道蚂蚁会依靠触角及身体间的相互接触，感知不同气味进行通讯。

（2）了解蚂蚁洞穴不同的生活分区和蚂蚁的分工。

2. 科学思维

通过观察、比较形成对蚂蚁感觉器官和蚂蚁间通讯方式的推测，依据经验和已有知识形成假设并设计实验，应用虚拟实验技术观察对比现象，综合分析确认蚂蚁通讯的方式，并运用演绎推理去巩固蚁穴区域和蚁种分辨的相关知识。

3. 探究实践

学生根据蚂蚁寻找食物时的现象，提出关于蚂蚁通讯方式问题的研究，针对不同推测进行探究实验的设计，通过观察蚂蚁身体结构并结合虚拟实验技术，实现对蚂蚁不同感觉器官的遮挡，分析现象并得出"蚂蚁是通过触角和身体接触来感知不同气味进行通讯的"科学结论，从而经历完整的科学探究过程。

4. 态度责任

积极参与讨论和探究实验的设计，敢于提出不同观点；乐于运用虚拟教学资源完善实验设计，主动交流自己的发现和思考，感受先进技术对学习的积极作用。

16.3.2　教学活动设计

1. 情境导入，聚焦问题

教师播放蚂蚁找到食物后返回蚁穴的视频。

教师提出问题：如果同学们在生活中观察过蚂蚁，可能会发现，一只蚂蚁发现食物后会迅速返回蚁穴，不一会儿就有一大群蚂蚁排着队奔向食物所在地。蚂蚁为什么还能回到发现食物的地点呢？

学生可能有两种看法，一种认为蚂蚁可以用眼睛看到食物和自己的蚁穴，还有一种认为蚂蚁靠鼻子闻到气味找到食物和蚁穴。

环节解析

　　通过学生熟悉的自然现象引入学习，蚂蚁寻找食物的行为在生活中十分常见，很多学生都有观察蚂蚁的经验，这样易于调动学习兴趣。现象与问题的提出直接指向教学内容，学生对问题初步回答，为后续观察蚂蚁的感觉器官和设计探究实验作了铺垫。

2. 探究实验，解决问题

（1）观察蚂蚁的身体结构，设计对比实验并借助虚拟实验来验证蚂蚁眼睛的作用

　　依据学生的两种观点，教师组织学生分组观察活体蚂蚁的身体结构，寻找蚂蚁的眼睛和鼻子。

　　学生分组借助放大镜观察蚂蚁，记录绘制蚂蚁的身体结构和感觉器官。通过观察，学生汇报：蚂蚁的身体分为头部、胸部、腹部三部分，还有三对足，一对触角。学生同时发现蚂蚁是有眼睛的，但是没有鼻子。所以蚂蚁能回到发现食物的地方，可能是靠眼睛。

　　教师引导学生思考如何设计实验，证明蚂蚁能否用眼睛观察到食物的位置。学生小组讨论后，提出可以通过对比进行实验，同学之间互相提出实验建议，确定"遮挡蚂蚁眼睛与不遮挡蚂蚁眼睛的情况下，蚂蚁是否能找到食物所在位置"的实验设计。学生也意识到蚂蚁身体很小，遮挡蚂蚁眼睛的操作很难实现。

　　此时教师提出可以利用虚拟实验进行操作和观察，教师指导学生佩戴好虚拟现实设备，并指导学生操作。学生用扣扳机选择"蚂蚁通讯"模块，进入模块后选择蚂蚁的感觉器官，可以选择是否遮挡蚂蚁的眼睛。

　　学生将面包屑放在木板上（见图16-5），观察被遮挡住眼睛的蚂蚁的行为，对比蚂蚁被遮挡眼睛与不遮挡眼睛时寻找食物的差异。扣扳机选择蚂蚁的感觉器官，通过文字介绍理解蚂蚁感觉器官（眼睛、触角）的相关知识。通过虚拟实验验证后，学生得出结论：没有遮挡眼睛的蚂蚁顺利地通过纸桥寻找到放置在木板上的食物，携带食物返回；而遮挡眼睛的蚂蚁同样可以沿着纸桥准确地确定木板上食物的位置，并回到蚁穴召唤更多蚂蚁搬运面包屑。所以蚂蚁不是依靠眼睛观察和确定食物的位置。

图 16-5　放置面包屑

（2）推测蚂蚁之间的通讯方式并进行虚拟实验验证

通过阅读对感觉器官的文字介绍，学生提出新的想法：蚂蚁依靠触角感受食物散发的气味，从而确定食物的位置。教师提出新问题：蚂蚁凭借触角的灵敏嗅觉寻找食物，但如何把食物所在的地点、方位、远近传递给其他蚂蚁？学生分组讨论，一部分学生认为，最先找到食物的蚂蚁的触角会携带食物气味，蚂蚁之间相互触碰触角，就会把气味传递给同伴，这样其他蚂蚁就能够按着气味找到食物位置。还有一部分学生认为，最先找到食物的蚂蚁会携带食物的气味，并在沿途留下气味，在与其他蚂蚁碰触触角后，其他蚂蚁就可以按照沿途留下的气味找到食物。

教师根据学生的初步想法组织学生设计实验，学生认为需要进行两组实验对比。第一组实验：在木板上放置食物，第一只蚂蚁从蚁穴爬出走过纸桥找到食物，直接返回蚁穴不走纸桥，与其他蚂蚁触角碰触，观察其他蚂蚁是否也能走到纸桥另一端寻找到木板上的食物。第二组实验：第一只找到食物的蚂蚁沿着纸桥回到蚁穴，与其他蚂蚁触角碰触，观察其他蚂蚁是否能走到纸桥另一端寻找到木板上的食物。观察对比后续蚂蚁寻找食物时的行为差异，由此判断学生对蚂蚁触角能感受食物气味的推测是否正确。

教师肯定学生设计对比实验的想法，同时介绍蚂蚁通讯虚拟情境，协助学生根据自己的实验方案结合虚拟现实教学资源中提供的模块进行调整，完成验证。按下右手手柄按钮，进入蚂蚁通讯情境，两个纸桥末端都有圆形木板，抓取面包屑放在其中一个纸桥末端的木板上，观察蚂蚁从蚁穴爬出分别通过两个纸桥寻找食物的前进轨迹，找到食物的蚂蚁沿纸桥返回蚁穴，观察后续其他蚂蚁寻找食物的前进轨迹。

学生观察到最开始寻找食物的蚂蚁在纸桥上沿折线前进，沿直线返回蚁穴，后续其他蚂蚁再寻找食物时的路线是沿直线通过纸桥到达面包屑所在位置。

此时点击交换纸桥（见图 16-6），蚂蚁重新从蚁穴出发，经过两个纸桥寻找另一端的面包屑，继续观察蚂蚁在两个纸桥上的前进轨迹和行为。学生发现原来沿直线能够找到食物的纸桥上，蚂蚁依旧排着队沿直线前进，但交换后的纸桥末端的木板上并没有食物，蚂蚁没能在交换纸桥后找到食物。

图 16-6　交换纸桥

教师引导学生操作虚拟现实设备，完成虚拟实验并填写学习单：在"蚂蚁通讯"虚拟情境中，我们认识了蚂蚁的感觉器官，设计并完成蚂蚁寻找食物的实验，验证了蚂蚁在寻找食物过程中利用触角与其他蚂蚁进行通讯的过程。通过虚拟实验，同学们知道蚂蚁依靠触角来感受气味，寻找食物，并且从腹部末端分泌出物质，使其他蚂蚁都能按照留下的气味痕迹搬运食物。

环节解析

观察蚂蚁合作觅食的行为，发展学生的演绎推理思维，学生在观察、比较的过程中充分调动生活经验和对蚂蚁的已知知识，分析推理出蚂蚁通讯可能借助的感觉器官，借助沉浸式虚拟实验模拟蚂蚁寻找食物的过程，创设有趣的问题情境，调动学习积极性，让学生在学习过程中引发思考。利用虚拟实验来验证自己的实验假设和设计，快速、直观地观察实验现象。虚拟实验便于学生反复调整纸桥的位置，观察记录蚂蚁的反应并进行分析，获取蚂蚁之间通讯依靠气味的证据，实现对推理的验证。

3. 拓展认识蚁穴和蚂蚁的不同分工

通过学习，学生了解蚂蚁是依靠触角和身体对气味的感知来进行通讯的。当蚂蚁发现较大的食物时会合力把食物搬回蚁穴慢慢享用，此时教师提出新的问题：蚂蚁把食物搬到蚁穴的什么地方？它们地下的生活是什么样子？它们都会做些什么？学生利用自己的已有知识进行交流，教师对学生们的各类补充知识给予肯定，同时提出可以利用"参观蚁穴"虚拟资源模块，把自己想象成一只小蚂蚁，深入蚁穴进行参观，了解相关知识。

　　教师指导学生点击手柄按钮，进入洞穴（见图16-7），认识蚁穴的各个部分和蚂蚁的分工。学生可以选择蚁穴中不同位置进入观察，虚拟射线指向不同蚂蚁，出现绿色高亮提示时，扣扳机可以查看不同工种的蚂蚁的信息。工蚁介绍如图16-8所示。

图16-7　蚁穴洞口，进入洞穴

图16-8　工蚁介绍

　　学生参观蚁穴结束后，教师提出问题：在地下复杂的蚁穴里，数量众多的蚂蚁是如何区分不同区域，蚂蚁是如何从事不同工种的？学生依据前面学习的蚂蚁通过触角、身体感知气味进行通讯的知识，演绎推理出蚂蚁也会利用不同的气味来区分蚁穴的不同区域和不同工种的蚂蚁。

环节解析

　　围绕蚂蚁之间是如何通讯的研究问题进行巩固和拓展，学生借助虚拟情境参观蚁穴，了解蚂蚁在地下巢穴的不同功能生活分区，同时发现不同分区的蚂蚁种类存在差异；学生能加深对蚂蚁之间交流方式的认识，巩固蚂蚁利用触角对不同气味的感知从而实现区域功能分区的认识，同时拓展认识蚂蚁在蚁群中的不同分工，它们各司其职保障了整个蚁群的协同生存，感受到生物世界的神奇。

16.3.3　学案设计

蚂蚁的通讯	
一、聚焦问题	蚂蚁如何确定食物的位置？ （1）提出猜想 （2）观察蚂蚁 观察蚂蚁，寻找蚂蚁的感觉器官。

二、利用虚拟现实教学资源，寻找蚂蚁的感觉器官	任务：蚂蚁借助感觉器官寻找食物，了解感觉器官的功能并填写表格。

名称	作用	名称	作用
眼睛		触角	

三、根据"蚂蚁使用触角的灵敏嗅觉寻找食物"的课程讲解，以及实验的设计，使用虚拟实验体验蚁群如何确定路线	

 **科学解释**

蚂蚁之间的通讯交流

蚂蚁的触角是十分灵敏的嗅觉器官，触角上面有很多微小的小孔，小孔里有非常灵敏的嗅觉细胞，具有检查食物、探触音波、传递信息等作用。蚂蚁如果找到食物，在走回家的路上，它会从腹部末端分泌出"示踪信息素"，其他蚂蚁嗅到这种物质的气味后，就会顺着这条路去寻找和搬运食物。

 拓展与反思

小小的蚂蚁数量庞大，却能够保持整齐的队列和高效的工作效率，这是如何实现的？写一写蚂蚁的通讯及行为带给你的思考。

第 17 章　解码古代建筑黑科技：榫卯

17.1 教学背景分析

　　春秋战国时期，我国建筑鼻祖鲁班发明了榫卯结构。榫卯结构不仅外形精致唯美，而且遵循力学原理，经久耐用，堪称一绝，体现了古人的高超智慧。利用"解码古代建筑黑科技"虚拟现实教学资源，学生可以认识榫卯结构，知道古代建筑中大量使用榫卯结构；学生还可在多个古代建筑虚拟情境中漫游，学习古代建筑的结构，甚至可以亲历古代建筑的建造过程，在一次次的搭建中不断加深对榫卯结构的认知。

　　虚拟现实教学资源的应用有利于充分地暴露学生的前概念，帮助学生在头脑中构建建筑中的榫卯结构，分析我国古代建筑中的榫卯结构；在搭建保和殿的过程中，学生依据自己头脑中的榫卯结构进行匹配，从而构建模型，实现思维可视化。

17.2 本课虚拟现实教学资源特色

"解码古代建筑黑科技"虚拟现实教学资源包含 2 个模块

1. 榫卯结构	在该模块中，学生可以选择各种榫卯结构模型，抓取模型，进行任意角度的观察，可通过文字和语音讲解了解相关知识。
2. 认知古建筑构件	在该模块中，学生可以选择古建筑构件模型，抓取模型，进行任意角度的观察，通过文字和语音讲解了解相关知识；还可以利用各种构件模型，搭建古代建筑。

　　本课资源适用于小学四、五年级教学。

17.2.1 榫卯结构

"榫卯结构"模块设有保和殿语音讲解，学生可以选择各种榫卯结构模型，抓取模型，进行任意角度观察，并通过文字介绍了解相关知识。本模块包括正心瓜栱、外拽瓜拱、槽升子、坐斗、昂等 11 个结构，如图 17-1 所示。

观察并了解正心瓜栱，如图 17-2 所示。

 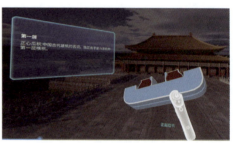

图 17-1　榫卯结构　　　　　图 17-2　观察并了解正心瓜栱

17.2.2 认知古建筑构件

在"认知古建筑构件"模块中，学生可以选择各种建筑构件，抓取模型，进行任意角度观察，通过文字介绍了解相关知识。本模块包括柱子、地面、门墙、屏风、梁、匾额、龙椅、高台、斗拱、二层斗、檩、二层檩、顶等 24 个构件，如图 17-3 所示。

观察并了解柱子，如图 17-4 所示。

图 17-3　古建筑构件　　　　　图 17-4　观察并了解柱子

17.3　教学设计

17.3.1　教学目标

1. 科学观念

知道榫卯结构，知道古代建筑中的榫卯结构。

2. 科学思维

能运用观察、分析、概括等方法认识榫卯结构。

3. 探究实践

通过装配孔明锁，在虚拟情境中搭建保和殿等活动加深对榫卯结构的认识，能从技术和文化的角度欣赏榫卯结构的美。

4. 态度责任

通过欣赏榫卯结构，拓展对建筑设计的理解，增强民族自豪感。

17.3.2　教学活动设计

1. 聚焦话题，激发兴趣

播放国内外建筑设计的相关视频，教师引导学生观察并分析国内外建筑在材质及工艺方面有哪些区别，有的学生发现国外建筑材质多为砖块、石头，而国内古建筑则以木质为核心。

教师播放故宫榫卯抗震视频。

人们对中国的古代建筑进行了模拟地震测试实验；实验结果表明，我国的古代建筑屹立不倒，非常稳固。

教师引导学生交流讨论"我国古代，人们用了什么办法让建筑如此坚固呢？"大部分学生会猜想古代建筑使用优质木材，所以很稳固。此时学生可以利用虚拟现实教学资源的积木块搭出一个建筑，进行测试，发现它们很容易倒塌。于是教师进一步引导：古人用木头建的建筑物为什么千年不倒？有的同学认为古代建筑的连接方式很奇特；还有一部分同学认为古代的建筑工人有智慧，采取了一些方法能使建筑变稳固。有一部分同学对古代建筑结构有了解，能够提出"榫卯结构"。

151

环节解析

　　由生活中的现象引入，学生能很容易发现国内外建筑之间的区别。由此引发学生思考，分析现象，联想到我国古代的黑科技：榫卯结构。学生对于榫卯结构还缺乏一定的认知，并没有仔细了解过榫卯结构，学生在日常中的获取是不充分的。教师要先引导学生分析中国古代建筑的特点，感受中国古代建筑的神奇，再聚焦话题到榫卯结构，激发学生对榫卯结构的兴趣，让学生在探究中发展认知。

2. 利用虚拟教学现实教学资源帮助学生认识榫卯结构，构建模型

（1）初步建立榫卯结构模型

　　① 了解学生前概念。学生经过讨论，大都会认为榫卯结构能让建筑变得稳固。此时教师可以引导学生猜想：你认为什么是榫卯结构？它应该是什么样子？你可以先想一想，把你想到的样子在我们的记录单上画一画。

　　教师组织学生在记录单上画出榫卯结构的样子，学生画出的样子各不相同，大致分为了两种：第一种是两个木块之间有连接螺丝钉；第二种是两个木块之间相互连接，不需其余零件连接。比如，有的学生画了两个木块上分别有相对应的孔，能够互相插进去；还有的学生将木块进行切割，画出了一个凸的、一个凹的，相互呼应的样子；有的学生根据自己的生活经历，画出了一个搭一个，两个木块交叉形成叉子状。

　　② 认识榫卯结构。教师以孔明锁作为示例，引导学生认识榫、卯的结构。榫卯是榫头和卯眼的简称，榫卯结构不用钉子和绳子，完全靠自身结构实现连接支撑。构件中的凸出部分称为榫（榫头），凹入部分则称为卯（卯眼，也称作卯口、榫眼等）。扩展关于孔明锁的知识，学生了解到原来孔明锁就是榫卯结构，它就在我们的身边。

（2）借助虚拟现实教学资源，认识建筑中的榫卯结构

　　① 认识建筑中的榫卯结构。学生知道榫卯结构后，就可以借助虚拟现实教学资源，认识建筑中的榫卯结构。学生首先配备好头盔，进入"榫卯结构"模块，参观保和殿，观察保和殿的整体样貌（见图17-5）。在学生参观保和殿的过程中，教师引导学生思考：古代建筑是如何使用榫卯结构的？你能不能找到哪里使用了榫卯结构？学生带着问题寻找答案。学生观察保和殿并听取讲解后，能够回答出榫卯结构在建筑中的位置：①横梁、房顶、圆柱、大门的连接

处；②房檐下边的柱子。

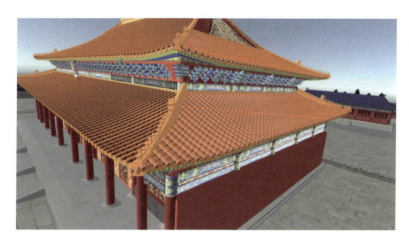

图 17-5　保和殿

学生在进行初步寻找后，继续进入"榫卯结构"模块，进一步了解古代建筑中还有哪些位置使用了榫卯结构，并能认识更多榫卯构件的名称及作用。学生利用虚拟教学资源来完善自己对建筑中榫卯结构的认知，通过结构简介（见图 17-6）加深对榫卯结构的印象。

教师引导学生分析：你们知道这些榫卯构件是如何组装到建筑中的吗？用在什么位置？有的同学能够找到正心瓜栱的位置，它用于坐斗左右第一层横栱；还有的同学能够找到挑尖梁头，它是连接金柱和檐柱的次要短梁。每一个部件都有独特的作用与位置，学生可通过这一活动体会榫卯结构的作用。

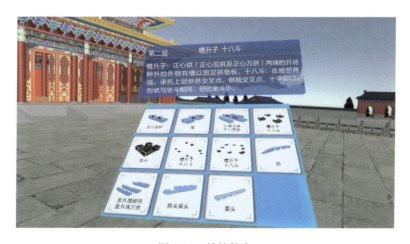

图 17-6　结构简介

② 利用榫卯结构搭建保和殿。教师引导学生思考：如此复杂的建筑，古人是如何将各部分组合到一起的？搭建顺序是怎样的？学生有了之前游览的经历，加上自己在生活中的了解，能够大胆地进行猜想。大部分同学认为搭建顺序是先搭建地面，再立柱子，最后放上房顶。学生可以带着自己的猜想借助虚拟现实教学资源进行验证，佩戴好设备进入"认知古建筑构件"模块，能够看到古人选取木材、测量数据，根据建筑特点去制作每一个榫卯组件，最后将各个组件整合到一起，形成建筑中的斗拱、木构架、坡屋顶等结构的过程。不同的建筑应用不同的搭建方法，其中抬梁式木构架在宫殿、庙宇、寺院等大型建筑中普遍采用，更是皇家建筑群首选形式，也是古建筑木构架的代表。学生可通过虚拟现实资源了解搭建保和殿的方法及顺序，自己动手搭建，体会古人的建筑智慧，如图 17-7 所示。

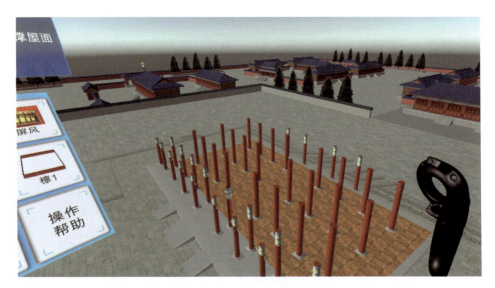

图 17-7　搭建保和殿

环节解析

在认识榫卯结构后，学生在头脑中构建榫卯结构，并作出假设。利用虚拟现实教学资源分析我国古建筑中的榫卯结构，在搭建保和殿的过程中，有依据地进行模拟，与自己头脑中的榫卯结构进行匹配。在这一虚拟现实教学资源中，学生可以不断地试错，不断刷新自己的认知，反复冲击自己头脑中的原模型，完善自己的模型和认知。利用虚拟现实教学资源，学生可近距离观察保和殿，认识榫卯结构，再通过反复搭建保和殿，加深对榫卯结构的认识。在情境、资源等多方共同作用下，榫卯的建筑结构模型就会更加接近现实，学生能得出无限接近的答案及规律。本课虚拟资源帮助学生完成普通课堂中不易完成的任务，并呈现出学生各阶段的思维过程，使其可视化。

3. 感受生活中的榫卯结构

（1）回归生活，感受生活中的榫卯结构

教师出示一些古代建筑的图片与文字，引导学生思考：除了故宫，还有哪些中国建筑运用了榫卯结构？学生经过思考后，和小组成员讨论，了解组内同学的想法，完善自己的认识，最后在全班范围内汇报分享。通过大家一起讨论，学生能够了解到我国古代建筑：①黄鹤楼，整体结构采用明式榫卯，运用浮雕、透雕、圆雕等技法；②天坛祈年殿，从上到下不需要一个钉子或铁，运用了燕尾榫、直榫、倒退榫、企口榫、穿销等多种榫卯结构；③赵州桥，有1400多年历史，利用榫卯结构产生拱形。

（2）小结

教师引导学生分析，纵观西方著名建筑，如埃及的金字塔、古希腊的神庙、古罗马的斗兽场、中世界欧洲的大教堂等，它们无一不是砖石结构。而故宫里的宫殿全由木材构成，不用一钉一铁。经过这节课的学习，大家有什么样的感想？引导学生交流、表达感受。

环节解析

通过观察现实生活中的榫卯结构，学生可以将其与头脑认识中的榫卯结构进行匹配，就能把虚拟情境模拟的榫卯结构的要素、古代建筑的呈现规律物化出来，这样就构建了模型。经过整节课的学习，学生能够感受到我国古代建筑的智慧，提升其民族自豪感。

17.3.3　学案设计

解码古代建筑黑科技：榫卯

1. 你认为什么是榫卯？请你画出来。

2. 下面的这些结构里，哪些是榫头？哪些是卯眼？

3. 建筑中的榫卯构件是什么样子的？

第四篇

难点突破类案例研究

第 18 章　酸雨对生物的影响

18.1　教学背景分析

　　酸雨严重威胁生态环境，腐蚀损害建筑物，危害人类健康，已成为人类关注的全球性环境问题。什么是酸雨呢？科学上将 pH 小于 5.6 的雨、雪或其他形式的降水（如雾、露、霜等）统称为酸雨。

　　酸雨对生物有什么影响呢？在科学教学中，我们通常通过实验来进行探究。我们将等量同品种的种子放入培养皿中，分别用 pH 不同的酸雨模拟液或清水进行浇灌，然后观察种子的萌发情况。种子的萌发不是即时的，我们一般需要 3 天左右的时间才能观察到，所以在传统教学中，该实验不能在当堂课上观察到结果，学生也不能当堂课完成对酸雨对生物影响的知识构建。另外，该实验中使用的酸雨模拟液为酸性液体，学生在操作过程中具有一定危险性。上述问题是教学中的难点所在。教师将虚拟现实技术引入课堂，学生可利用"酸雨对生物的影响"虚拟现实教学资源，用 pH 不同的酸雨模拟液或清水浇灌等量同品种种子，自主选择时间点如 24 小时后、48 小时后等，观察种子的萌发情况，学生在当堂课即可通过观察、分析，认识酸雨对生物的影响，从而有效突破教学难点。

18.2　本课虚拟现实教学资源特色

　　"酸雨对生物的影响"虚拟现实教学资源设有 3 个培养皿、3 种不同 pH 的酸雨模拟液、勺子、滴管、植物种子等材料。学生可以在三个培养皿中分别滴加不同 pH 的酸雨模拟液（见图 18-1），观察种子的发芽情况，探究酸雨对生物的影响。

本资源适用于小学五、六年级教学。

学生可动手操作，从实验台上拿取物品进行实验，操作完成后，点击"24小时之后"就可快速进入下一天，观察种子萌发情况。学生可多次点击，观察数天后种子的萌发情况（见图 18-2）。还可根据实验结果，对比、思考酸雨对种子萌发的影响。

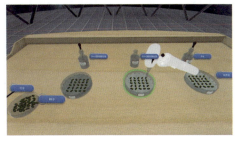

图 18-1　向培养皿中加入不同 pH 的模拟液

图 18-2　观察数天后种子的萌发情况

18.3 教学设计

18.3.1　教学目标

1. 科学观念

知道酸雨的概念及其对生物的影响。

2. 科学思维

通过探究酸雨对生物影响的实验，培养观察、记录能力与科学严谨的分析能力。

3. 探究实践

能制订实验计划，运用虚拟现实技术探究酸雨对生物的影响，寻找证据，形成科学的结论。

4. 责任态度

在探究酸雨对生物的影响过程中，感受技术在科学研究中的作用，增强珍爱生命、保护环境的意识。

18.3.2 教学活动设计

1. 情境导入，发现问题

教师引导学生观看建筑物被酸雨腐蚀前、后的图片。

图片旁配有文字：某地区曾常年发展重工业，忽视环境保护，工厂排出大量的二氧化硫、二氧化碳，在短短几年的时间里，该地区室外的建筑物已面目全非。通过图片的强烈对比，学生发现探究问题，激发他们的研究兴趣。

学生活动：观看图片。

教师提问：通过观看图片，你有什么发现？引导学生初步意识到环境问题会给我们的生活带来危害。学生能从不同角度发表自己的看法。

建筑物被腐蚀与该地区常年发展重工业、忽视环境保护有关。二氧化硫和二氧化碳与水结合后都是酸性的，会腐蚀建筑物。

根据课前的学情调查，大部分学生能说出二氧化硫或二氧化碳与水结合后的液体呈酸性，但并不知道什么是酸雨，所以教师用视频引出酸雨的概念，为后续教学作铺垫。（视频资料：环境中大量的二氧化硫或二氧化碳与水结合后降落下来，形成了酸雨。酸雨是指具有较强酸性的雨水，pH 小于 5.6。大量燃烧含硫量高的煤、机动车排放大量尾气等原因都可能导致酸雨，会对环境造成很大破坏。）

视频引发了学生的思考，教师通过提问"你认为酸雨会给我们的生活带来什么影响"，让学生意识到酸雨的危害，认识到酸雨与我们的生活密切相关。

学生纷纷发表自己的看法：酸雨会腐蚀楼房等建筑物，房屋可能会变得不结实而倒塌。酸雨会污染水质，危害小动物或人类生命。如果农作物遭受酸雨的危害，可能生长不好，产量减少，导致人类食物缺乏。

> **环节解析**
>
> 通过图片的强烈对比，激发学生的探究兴趣，引导学生发现生活中很多问题值得我们去关注与探究；通过视频资料，帮助学生理解酸雨的概念，认识酸雨给我们带来的危害；引导学生分析建筑物腐蚀的原因，意识到环境污染危害很大，会影响人类的健康生活，为后续利用虚拟现实教学资源进行实验探究作铺垫。

2. 设计实验，自主探究

（1）设计实验，提出猜想

酸雨对生物真的有这么大的危害吗？为了得到答案，同学们想以植物种子为例进行实验探究。

教师组织学生进行小组讨论，设计实验并交流实验方案，最终确定实验方案为：用白醋和水配置成 pH=3 的 1 号试剂和 pH=5 的 2 号试剂，3 号试剂是水，为对照组。在相同的适宜温度下，每天将等量的 3 种试剂分别加入到同品种、同数量种子中，观察种子的生长情况。

种子的生长情况会是怎样的呢？教师引导学生做出猜想：1 号试剂浇灌的种子可能不会萌发或萌发率极低，生长得最慢；2 号试剂浇灌的种子可能有一部分萌发，生长速度中等；3 号试剂浇灌的种子能正常地萌发、生长。

（2）开展实验

为了验证猜想，学生以小组为单位进行实验。为保证实验安全，教师为每位同学穿好实验服、戴好手套并强调实验安全，并为每个小组分发实验材料：同品种种子若干、3 个培养皿、两种配置好的酸雨模拟液（pH=3 的 1 号试剂和 pH=5 的 2 号试剂）、清水、镊子、20 毫升量筒 3 个。

小组同学拿到实验材料后自主进行任务分配（每组 5 人）：

① 1 位同学用镊子向每个培养皿中各放置 20 粒种子。

② 3 位同学分别利用量筒量取 20 毫升 pH=3、pH=5 的模拟液和清水。

③ 1 位同学将 3 种酸性不同的液体分别倒入 3 个培养皿中。

各步骤完成后，组内所有同学一起进行观察，此时学生向老师提出了自己的困惑："种子萌发需要一段时间，我们无法立刻观察到实验结果，有没有什么办法能在短时间内完成这一实验呢？"

为了帮助学生解决实验耗时长的问题，教师向学生介绍了虚拟现实设备并引导学生利用虚拟现实资源再次开展实验。

（3）利用虚拟现实教学资源进行实验

教师指导学生佩戴好虚拟现实设备，并指导学生如何操作，学生按照实验步骤进行探究，如图 18-3 所示。

① 向 3 个培养皿中分别加入种子，如图 18-4 所示。

② 分别向 3 个培养皿中滴加 pH 不等的模拟液，如图 18-5 所示。

③ 接下来的几天，种子萌发情况如何呢？学生点击【24 小时之后】进入下一天，多次点击观察数天后种子萌发的情况，如图 18-6 所示。

图 18-3　虚拟实验步骤

图 18-4　向 3 个培养皿中分别加入种子

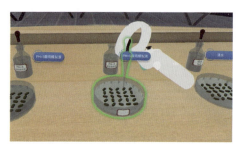

图 18-5　分别向 3 个培养皿中滴加 pH 不等的模拟液

图 18-6　观察数天后种子萌发的情况

教师引导学生操作虚拟现实设备，利用虚拟现实教学资源完成实验，填写学习单，记录实验现象。教师通过提问"你观察到了哪些现象"，了解学生的实验情况。

学生观察到的实验现象有：1 号试剂浇灌的种子没有萌发；2 号试剂浇灌的种子有一部分萌发，生长速度中等；3 号试剂浇灌的种子萌发的数量最多、生长最快。

这些实验现象说明了什么呢？学生对所观察到的现象进行分析，可以得到实验结论：酸雨会对生物产生影响，酸性越强产生的影响越大。

环节解析

《义务教育科学课程标准（2022 年版）》提出，科学课程要培养学生的科学素养，通过探究实践帮助学生了解和探索自然、获取科学知识、解决科学问题、形成科学探究能力和自主学习能力。实验是科学探究中重要的方式之一，本环节以实验探究的方式引导学生了解酸雨对生物的影响，自主制订实验计划并提出猜想，以此培养学生的科学素养与探究能力。学生在进行实验设计时发现，该实验耗时较长，无法在短时间内观察到实验现象。教师将虚拟现实设备引入课堂，有效解决了传统实验耗时长，无法在当堂课获得实验结论的弊端。此外，在传统教学中，"探究酸雨对生物的影响"的实验存在一定危险性，模拟液酸性较强，若不小心触碰会对皮肤造成损害，且受到空间、器材、试剂等的限制，传统实验通常不能做到学生人手一份实验器材与药品，导致学生参与度较低，对实验现象的了解有限，学生缺乏自主观察、分析、深入思考的过程；而虚拟实验恰能避免实验中可能发生的危险，教师引导学生在虚拟情境中进行实验，自主动手，观察、探究，并且在短时间内查看未来数天种子的生长情况，实验现象明显，每个学生都能亲自动手完成全部实验操作，有效提高了学生的互动参与度，有助于培养学生的独立思考能力，形成严谨的科学思维，推动了教学目标的达成，增强学生对酸雨的认识，突破教学难点，帮助学生通过实验探究获取知识、培养能力、发展思维、提升科学素养。

3. 提出建议，总结提升

完成模拟试验后，学生将目光投向了培养皿中正在被酸性液体浸泡的植物种子，结合模拟实验的结果，同学们感受到种子的生命正在逝去，于是提出终止此项实验，将酸性液体中的种子取出，用清水进行浇灌，让种子健康地生长！教师为学生的善良感到欣慰，帮助他们取出了酸性液体中的种子，将它们放到清水中，一起静待萌发。

一粒小小的种子让学生体会到了生命的可贵与脆弱，最后，教师通过提问"今天的课程，你都学到了什么？"来帮助学生建立环保意识，进行生命教育。学生通过雕像图片的强烈对比与模拟实验带来的震撼，意识到：酸雨会对生物产生影响，危及生物的生命并且会严重影响我们的生活，我们应保护环境。

我们要如何去做呢？学生结合生活实际进行交流：我们可以呼吁家人少开车、绿色出行，尽量使用清洁无污染的能源，如太阳能、潮汐能等，多参加植树活动。

环节解析

学生通过对虚拟现实实验的现象进行观察、分析，了解一段时间后植物种子的生长情况，体会到环境污染会对生物生命和我们的生活产生巨大影响。强烈的实验现象震撼了学生的内心，深入思考后，他们自然地将目光聚焦到传统实验中的植物种子，意识到用酸雨模拟液进行浇灌会让原本健康的植物种子受到生命的威胁。为避免让现实中的种子受到人为破坏，让生物的生命能得到应有的精彩绽放，学生纷纷提出保护种子的建议，教师恰逢其时地进行生命教育，引导学生珍爱生命，同时培养学生的环保意识，提出有利于环境保护的建议，将人文精神融入科学课堂。

18.3.3　学案设计

酸雨对生物有影响吗？	
一、发现问题	你认为是什么原因导致建筑物被腐蚀？
二、实验探究	（1）你打算如何去验证呢？写一写你的实验方案吧！
	（2）你认为种子萌发情况会是怎样的？
	（3）请你将观察到的实验现象用图画或文字的形式记录下来吧！（利用虚拟现实教学资源进行实验，记录数天后种子的生长情况）
	pH=3　　pH=5　　pH=7（清水）

酸雨对生物有影响吗?	
二、实验探究	（4）通过以上实验现象，你能得出什么结论?
三、你打算如何保护环境	

第 19 章　根 的 奥 秘

19.1　教学背景分析

　　根的本义是草木之根。根对植物非常重要。在传统教学中，学生较难将根的形态特点与作用建立直接的联系。本课利用"根的什么部位生长最快"虚拟现实教学资源，完整地呈现根的结构和生长过程，使学生能够观察根的动态生长过程，理解根的形态特点及其结构、作用。虚拟实验还缩短了实验时间，提升了课堂的时效性，有利于培养学生的观察、比较、归纳、分析和推理能力，发展其科学思维和科学观念。

19.2　本课虚拟现实教学资源特色

"根的什么部位生长最快"虚拟现实教学资源包含 2 个模块

1. 根的生长	在该模块中，学生可以观察植物的根在三天中的整体生长情况。
2. 根的结构	在该模块中，学生可以观察根的各个结构在三天中的生长情况，学习根的结构相关知识。

　　本资源适用于小学三年级教学。

19.2.1　根的生长

　　在"根的生长"模块中，学生需要先给植物的根做记号，如图 19-1 所示。
　　学生可以选择第一天、第二天、第三天，根据记号位置的变化，观察根的生长情况。第二天根的生长情况，如图 19-2 所示。

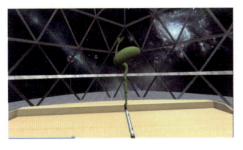

图 19-1 给植物的根做记号

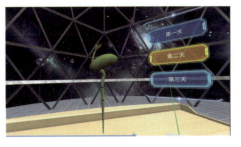

图 19-2 第二天根的生长情况

19.2.2 根的结构

在"根的结构"模块中，学生可以了解根的四个结构区域，包括成熟区、伸长区、分生区和根冠。学生可以选择第一天、第二天、第三天，观察根的不同结构区域的生长情况。第二天根的各个结构区域生长情况，如图 19-3 所示。

图 19-3 第二天根的各个结构区域生长情况

19.3 教学设计

19.3.1 教学目标

1. 科学观念

了解植物根生长的必备结构、外部形态及其对维持植物生存的作用。

2. 科学思维

通过实验探究"根的什么部位生长最快"和"根的结构作用"，培养用较准确的科学词汇、图示等记录和整理信息的能力，以及分析、比较、推理和概括的能力。

3. 探究实践

能提出科学问题，并制定简单的探究计划；利用虚拟现实技术探究根的结构，并获取证据，分析结构，得出结论。

4. 责任态度

理解设计对比实验对科学研究的重要意义，认识植物与我们的生活息息相关。

19.3.2　教学活动设计

1. 引出问题情境，形成问题

观察移植后绿萝植株的生长变化图。

教师展示观察绿萝生长变化情况，如表 19-1 所示，并交谈：前段时间同学们开展了种植活动，我也做了水培绿萝，这是我拍摄的照片。移植水培绿萝的第一天和五十四天后的变化，仔细观察、对比绿萝前后有什么变化？

学生观察、对比并描述观察到的变化：①绿萝的根长长了，并且长出许多分枝。②不是所有的根都重新生长了，有一个位置的根没有生长的迹象。③再仔细观察根部细节，从低反差滤镜下可以看出分枝处的新根表面有非常多的毛茸茸的部分，从正常拍摄的根部细节看出，毛茸茸的部分是白色的。④绿萝长高了一些，多长出一片叶。

表 19-1　绿萝生长变化

日期	绿萝的整体情况	绿萝的细节
5月5日		

续表

日期	绿萝的整体情况	绿萝的细节
6月28日 （54天后）		正常拍摄根部细节　低反差滤镜下的根部

注：绿萝移植在瓶里后，一直置于背阴、温度适宜的情况下。

① 教师引导学生思考：在这54天里，为什么只有这个位置的根没有生长，它与其他能生长的根在结构上有什么不同？

② 学生继续观察、对比照片中绿萝的细节图，长且有分枝的根与没有生长的根相比，更细、更尖，没有生长的根从中间折断了。

③ 继续引发思考：你觉得根要生长必备的结构是什么？

④ 学生继续在发现的基础上进行思考，并对比、描述根生长的部位，认为根生长必备的结构有最前端、两侧、中间部分。教师继续问这三个部分是不是生长得都一样快呢，这54天根部发生的变化里，根的哪个部分生长最快呢？

⑤ 形成问题：根的哪个部分在快速生长？

环节解析

学生在以前的学习中，已经知道植物的"身体"一般由根、茎、叶、花、果实和种子六种器官组成，但学生很少细致地观察根部的结构特征。通过观察、对比绿萝生长的图片，学生发现茎和叶两种器官的变化，在此基础上进一步聚焦本节课的主题——植物的根。学生观察发现，移植后绿萝的根有没有继续生长是与根的结构有关系。

2. 探究根的什么部位生长最快

（1）探究方法

教师引导：咱们可以按照同学们的描述，给植物的根大致分几个区域，根的最前端、再到侧面根生长的地方、最后是侧面根。你有什么好的方法来标记吗？学生提到可以用马克笔进行标记。

（2）探究实验：使用虚拟现实教学资源开展验证实验

教师引导：我们可以利用虚拟实验中的芸豆小苗来做这个实验。教师指导学生佩戴虚拟现实设备，开始实验探究，寻找答案。学生在虚拟情境下看到的画面如图 19-4 所示。

实验操作界面，用马克笔在植物的根上做标记。

根的细胞结构图，点击第二天，观察四个区域的情况，阅读文字并画图记录。

根的细胞结构图，点击第一天，观察四个区域的情况，阅读文字并画图记录。

根的细胞结构图，点击第三天，观察四个区域的情况图，阅读文字并画图记录。

图 19-4　学生在虚拟实验情境下看到的画面

学生活动 1：学生进入"根部位生长"虚拟情境，做好标记，对比观察第一天、第二天和第三天芸豆根的变化情况。学生在"根的结构生长"模块中，学习到植物的根分为四个部分，分别是成熟区、伸长区、分生区和根冠。学生在学习单中画出根生长最快的部分的细胞形态。

①教师组织学生汇报结果，展示学生记录的结果。

②教师提示需要关注的问题：根的结构是什么？在这三天里，根的哪个部分发生了变化？发生了什么变化？

③学生活动：根据学习单上的记录并回答问题，根分为成熟区、伸长区、分生区和根冠。这三天中有变化的是伸长区，它长得越来越长，好像被拉伸了

一样。有的学生会提出"分裂是一个变两个吗"这样的问题。引导学生回忆虚拟情境，了解分裂确实是一个细胞变成两个细胞的过程，就如你们在虚拟情境中看到的那样。

④ 教师课堂小结：植物的根向远处伸长生长，主要依靠根尖的伸长区快速的生长。

环节解析

可探究的问题形成后，在实验方法的引领下，学生利用虚拟现实教学资源来设计探究实验进行进一步验证。学生亲自操作虚拟现实设备，自主完成实验操作，直观地观察第一天、第二天、第三天根的不同位置的细胞生长情况。在这里有了学生自主学习的过程，在第三天的画面里有"细胞""分裂""伸长"等词语，这些词语正是虚拟现实设备中呈现出的变化。虚拟实验用细胞状态呈现了根部结构，学生能直观地、清晰地、有序地观察到根的结构及变化过程，它将生物体状态的抽象知识具象化，为学生创造了观察学习的硬件条件。

同时，虚拟现实教学将实验过程浓缩在几分钟可操作的、可观察的虚拟实验里，提高了教学时效性。学生可以反复观察，直到发现根的变化。最后，学生通过画图展示自己的观察结果，能够进一步加深印象。虚拟资源不仅呈现了应有的现象变化，更让学生能够带着问题进行观察，甚至按照探究的操作步骤实施，实现虚拟化的探究学习，构建了新的学习模式。

3. 根快速地伸长并长出许多分枝，探究其作用

（1）解释绿萝根部的变化

教师回到问题情境中，解释为什么绿萝的第二组根没有生长，而第一组根生长并有分枝。

学生根据验证实验可以得到答案，第二组根没有根尖部分，所以没有继续生长。学生继续寻找开篇发现的四个问题，有的学生认为，因为瓶子里的绿萝大部分的根有根尖，又快速地生长了，所以这颗绿萝就活了，并且也长高了，甚至能多长出一片叶。还有的学生不清楚白色毛茸茸的部分是什么。

这时教师提供一个视频——"萝卜种子的萌发"，视频里清晰地记录了白色毛茸茸部分的生长过程。学生直观地观察后，教师就可以告诉他们，这个部

分叫根毛，也是根的一部分，挨着根尖生长，在伸长区的后面。

教师继续挖掘学生的认知，刚才有一位同学说根有根尖就能快速生长，绿萝就活了，这是什么意思？有的学生认为，绿萝的根吸收水分，它就能活了。

教师继续顺着这个情境谈话，在这 54 天里，绿萝的根快速地伸长并长出许多分枝，这是为了吸收水分。

这时教师继续追问，这棵绿萝被移植出的第一天，根就被水包围了，也能吸收水分，为什么还继续生长甚至还有根毛。学生会陷入沉思，这时引导学生再次对比 54 天前后，在水中根少与根多的不同是什么。有的学生说根少的话，一次性就只能吸收很少的水，但是根多一次性就能吸收更多的水分。所以学生认为根不断地继续生长是为了吸收更多的水分。

（2）验证根具有吸收水分的作用

① 如何验证根有吸收水分的作用？说一说方法。学生思考并表述，把带根的植物浸在装有水的容器中，水位在根与茎的交界处，并用记号笔标记水位线，再用保鲜膜封住容器口，防止水分的蒸发。

② 教师现场展示实验装置，并用图片展示实验过程及结果。

学生交流，用科学的语言描述实验现象，进行分析，并得出结论。通过两天的实验，我们发现瓶中的水减少了，通过对比标记的位置，得出水面大约下降了 5 毫米，因此这可以证明根有吸收水分的作用。

③ 教师播放根吸收水分的动画视频。教师总结：通过实验和动画，我们发现植物生长出更多的根和更多的根毛就能与水有更多的接触，所以一次性可以吸收更多的水分。

（3）根还有固定植物的作用

① 绿萝最开始是土培，种在土壤中，根还有什么作用，请解释。

学生思考后会回答，根能够固定植物，根不断地生长，就与土壤有更多的接触；根扎在土壤里，就能被固定住，不会被大风刮跑了。

② 教师谈话并播放视频，根在土壤里也在不断地生长变长并有很多分枝，根与土壤相互固定。影响世界的中国植物梭梭树，其根部可固定 10 平方米的土地，大约是我们教室的五分之一，它还被比喻为是"沙漠中的卫士"。

环节解析

再次顺着学生的思想延伸思考，在事实面前提炼出猜想的依据，并提出新的问题——"探究根的结构与对应的功能"。首先探究的问题是"根有吸收水分的作用",用简单的对比实验来验证学生的猜想,并在实验结束后利用动画回应学生认为的"根生长得多,与水接触得就多,一次性吸收的水就多"这一事实,也从这一角度让学生认识根有一直维持植物体发育的作用。此时,解释了在"问题情境"中观察到的白色绒毛这一现象。根还有另一个重要作用就是固定植物,通过"根生长的多,与水接触的就多,一次性吸收的水就多"得到迁移,再列举梭梭树固定土壤的数据来说明根有固定植物的作用。

4. 拓展延伸

根的其他功能与在生活中的用途。

教师展示胡萝卜植株的图片,让学生说一说它有什么特征。

学生回答:胡萝卜的根非常大,是橙色的,旁边有少许的须根,还可以食用。

教师:胡萝卜是一种变态根。变态根是由于功能改变,引起形态和结构都发生变化的根,能够储存营养。

教师播放视频,介绍更多植物的根。例如,吊兰的根可以生活在空气中,并吸收水分。提问:植物的根在人们的生活中有哪些用途?

学生活动:观看并填写学习单里的"气泡图"。

教师小结:根有吸收水分、固定植物的作用,有的植物的根能储存营养,具有繁殖功能。植物的根与我们的生活有紧密联系。

环节解析

此环节是"探究根的结构与对应的功能"的第二部分,运用演绎方法,让学生自主分析植物根的形态特点,认知根的其他功能——储存营养、繁殖、吸收空气中的水分等。引导学生发散思维,总结概括根的用途,让学生意识到我们的学习与生活紧密关联。

19.3.3　学案设计

根的奥秘			
	第一天	第二天	第三天
一、画出根生长的细胞形态	在芸豆的幼苗上，用彩笔画出根长得最快的部分		
二、根在人们生活中的用途			

第 20 章

探秘光合作用

20.1 教学背景分析

　　光合作用在自然界具有重要意义。光合作用转化光能并储存在有机物里，为植物、动物和人的生命活动提供能量来源。光合作用能够维持大气中氧气和二氧化碳含量的相对稳定。"绿色植物通过光合作用制造有机物"是义务教育阶段非常重要的实验。

　　由于光合作用实验需要 24 小时的暗处理以及 3～4 小时的光照处理，而课堂教学时间有限，我们无法在课堂上完成和展示实验的全过程。利用"绿叶在光下制造有机物"虚拟现实教学资源可以大大地缩短实验周期，且没有实验材料的损耗；学生能够灵活调整实验步骤，处理实验细节，更加直观和准确地观察和分析实验。因此，虚拟现实教学资源能够解决"光合作用制造有机物"一课的教学难题，突破材料局限、时空局限等教学瓶颈。

20.2 本课虚拟现实教学资源特色

　　"绿叶在光下制造有机物"虚拟现实教学资源中的实验器材有日光灯、银边天竺葵、木箱、清水大烧杯、酒精烧杯、酒精灯、火柴、铁架台、培养皿、黑夹片、镊子、碘液等，如图 20-1 所示，学生可以使用实验器材完成各项实验操作。

　　学生可对银边天竺葵进行 24 小时的暗处理及 3～4 小时的光照。可选择不同的黑夹片位置，如图 20-2 所示。

图 20-1 实验器材

图 20-2 选择黑夹片位置

学生可以观察到酒精烧杯在水浴加热时叶片的脱色现象，如图 20-3 所示。

正确完成实验操作后，学生能够观察到理想的实验结果，如图 20-4 所示。点击"完成实验"，系统会提示实验成功。

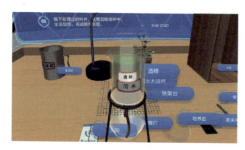

图 20-3 脱色处理

图 20-4 理想结果

若学生在实验过程中操作不当，系统会给出相应的提示，学生需按照提示重新操作。

若学生选择错误的黑夹片位置，则看不到理想的实验结果，点击"完成实验"，系统会提示实验失败，如图 20-5 所示。

图 20-5 实验失败

20.3 教学设计

20.3.1 教学目标

1. 科学观念

了解光是绿色植物进行光合作用不可缺少的条件，知道光合作用产生的有机物是淀粉。

2. 科学思维

运用并经历猜想、假设、分析、推理等方法，进行实验设计；探究光合作用中光的必要性以及光合作用产生的有机物是淀粉，发展科学思维。

3. 探究实践

能够提出实验假设，进行实验设计与实施；通过虚拟实验缩短实验周期，寻求证据证明实验假设，经历完整的探究实践过程。

4. 态度责任

乐于接受并尝试使用现代信息技术，在科学实验过程中体验信息技术的作用；拥有不断探究新知识的热情和精神，养成实事求是、科学取证、客观严谨的科学态度。

20.3.2 教学活动设计

1. 情境导入

教师出示丰盛的饭菜，提问学生："大家都尝试过或者见过这些美味吗？"学生们兴致高涨，表示吃过或见过这些美食。

教师指出："这些美味佳肴都包含一种非常好吃的食材——土豆。我们都知道土豆含有大量的淀粉，那么你知道土豆里的淀粉来自哪里吗？"

学生此时提出猜想：土豆长在土壤里，可能是吸收土壤里的淀粉逐渐长大的。

教师引导：大家都知道淀粉遇到碘酒会变成蓝色，如果往土壤里滴入碘酒，大家猜想，土壤会变蓝吗？如果土壤变蓝，说明什么？如果土壤没有变蓝，又能说明什么呢？

学生猜想：如果土壤变蓝，说明土壤里有淀粉，这能说明土豆里的淀粉有可能是来自于土壤。如果土壤没有变蓝，说明土壤里不含有淀粉。

教师出示演示实验，土壤并没有变蓝，那么土豆中的淀粉不是直接来自于土壤，那是来自于哪里呢？

此时学生可能没有思路，教师可以给出提示：植物由哪些部分组成？你认为哪些部分可能会与淀粉的产生有关系呢？

学生经过思维碰撞，聚焦到植物的叶子，因为有同学了解叶子可以进行光合作用。

教师讲解："我们通过资料了解到，绿色植物可以进行光合作用，那么光合作用是不是真的产生淀粉呢？我们如何来证明呢？"

环节解析

本环节教师抛出研究问题，引导学生思考有机物（淀粉）来自于哪里，光合作用是否能够产生有机物（淀粉）。

2. 设计实验

教师罗列部分实验所需器材和材料，分发学习单，学生分组进行实验设计。

学生讨论并进行实验设计，填写实验设计学习单。

学生进行实验设计学习单的分析和讨论。有的学生在设计中提到"摘下一个叶片进行实验"，这时另一个同学提出了质疑："老师，我认为无生命的叶片是无法进行光合作用的，所以我们需要用一盆活的绿色植物及其叶片来进行实验。"教师对这位同学的补充提出表扬。

另一个同学也分享了自己的设计，这时，教师发现学生没有进行暗处理，于是反问这位同学："你怎么确定是光合作用产生的有机物呢？有可能是你的植物本身就含有有机物。"

这时学生恍然大悟，补充道："我们还得提前把这株植物放在黑暗的地方，让它很长一段时间不能进行光合作用，把植物体内的有机物都消耗干净，这时再做实验，如果还能发现照射到阳光的叶子产生了有机物，而没有被光照的叶子没有产生有机物，这样才可以证明是光合作用产生了有机物。"

教师肯定这位同学的回答，同时补充道："你补充的非常完整，我们把这个过程叫作'暗处理环节'。"

这时，又有同学说："实验需要有对比，才能充分说明问题。所以我们还得同样准备一盆植物，不遮挡，作为实验的对照组。"

教师引导学生思考："大家觉得这种说法对不对？"有近一半的学生都表示非常赞成，理由是实验研究通常都需要有对照组。但是还有一半学生并不认可，他们认为植物实验不是普通实验，如果拿两盆植物进行实验，每株植物的生长发育情况、土壤情况等都不相同，实验误差太大了。

好像大家都说得有道理，那么这个问题如何解决呢？学生又一次进行讨论与思考，想到能不能在同一株植物上进行对比实验呢？有的学生甚至想到，是否能在同一片叶子上进行对比实验吗？这样就能更准确了！

通过这一轮的师生问答，在教师的引导下，师生共同进行学习单的讲解与讨论，学生进一步调整自己的实验设计学习单。

教师补充介绍实验背景：常规的光合作用实验需要至少 24 小时的暗处理，以及 3 ～ 4 小时的光照，这样的过程无法在课堂短短的 40 分钟内操作完成，怎么办呢？老师今天给大家带来了虚拟现实技术，创设虚拟实验情境来完成这个实验。请大家根据自己小组的实验设计，结合我们虚拟实验资源中的指导步骤，来进行虚拟实验吧。

环节解析

　　培养学生自主设计实验的能力，理解对比实验的意义。在实验中，学生可以自由选取实验材料，进行实验设计和自主探究。学生经历了充分的问题形成过程，还可以尝试多种不同的实验操作，不必担心材料的消耗与不足，也不用担心浪费了很长时间却无法得出正确的实验结论。在试错—反思—纠正的过程中，VR 实验帮助学生完成个性化的实验设计过程，提升个性化的科学思维。

3. 虚拟实验与真实实验并进

学生利用虚拟现实教学资源和设备，进行分组实验。同时，每组实验桌上也同时有真实的光合作用实验材料，供学生进行真实的观察和操作。这样的设计使学生同时完成虚拟实验和真实实验。光合作用虚拟实验情境，如图 20-6 所示。

第一步：将天竺葵放进箱子进行 24 小时暗处理，如图 20-7 所示。

图 20-6　光合作用虚拟实验情境

图 20-7　暗处理

第二步：取出箱子中的天竺葵，将夹片放在叶子上。注意：要遮住同一片叶子的一部分，露出一部分。

第三步：点击电灯进行光照 3 ～ 4 小时，如图 20-8 所示。教师此时拿出提前经过 24 小时暗处理和 3 ～ 4 小时光照处理的天竺葵植株，将处理好的叶片分发给各组学生，便于学生同时进行虚拟实验操作和真实实验操作。

第四步：学生在虚拟情境中，利用手柄摘下叶片，将其放在酒精烧杯中，将装有叶片的酒精烧杯放进带有三分之二清水的另一个清水烧杯中，放置在酒精灯上加热，加速叶片中叶绿素溶解，如图 20-9 所示。

图 20-8　光照处理

图 20-9　溶解叶绿素

第五步：用镊子夹取酒精中的叶片在清洗烧杯中进行清洗，之后叶片呈现白黄色，说明叶绿素已经被去除。

第六步：将清洗好的叶片放置在培养皿中，用胶头滴管将碘液滴在培养皿中的叶片上，观察实验现象，如图 20-10 所示。学生发现被遮挡的

图 20-10　加入碘液进行观察

叶片部分呈现浅色，而没被遮挡的叶片部分呈现出了深蓝色。

第七步：这时，摘下头盔，回到真实教室中。学生利用老师处理过的真实天竺葵叶片，进行上述第四、五、六步的操作，观察实验结果，发现真实实验中出现了同样的现象，被遮挡的叶片部分呈现浅色，而没被遮挡的叶片部分呈现出了深蓝色。实验完毕后，学生整理实验材料。

教师指导学生进行实验现象的总结和分析，完成学习单，进行分组实验汇报。

学生汇报：我们在虚拟实验和真实实验中，发现了相同的现象，就是被遮挡后的叶片部分呈现浅色，没被遮挡的叶片部分呈现深蓝色。

其他几位同学也汇报了相同的实验现象。

教师提问：通过这个现象，你能得出什么科学结论吗？你认为是什么原因造成这样的实验现象呢？

学生回答：我们知道淀粉遇到碘酒会变成蓝色，被遮挡的叶片部位是浅色的，说明此时它里面是没有淀粉的；而没被遮挡的叶片部位是深蓝色的，说明此时它里面是有淀粉的，淀粉遇碘酒变成蓝色了。

教师总结：你的推理过程很严谨，那让我们回到本节课最初的问题，土豆的淀粉，或者说土豆内的有机物，是来自哪里呢？

学生总结：我们刚才通过实验发现，叶片在光照下发生了光合作用，产生了淀粉（有机物）。我们之前学过植物茎的传输功能，所以我推论，植物的叶片进行了光合作用，产生了有机物，这些有机物通过茎的传输，到达了土豆的块茎中进行储存，这就是土豆富含大量淀粉有机物的秘密了。

环节解析

学生通过虚拟实验和真实实验，进行实验实施和观察分析，能够得出光是绿色植物进行光合作用不可缺少的条件，光合作用产生的有机物是淀粉。VR 实验为本课提供了丰富的实验器材和实验材料。学生可以反复多次完成实验器材和试剂的取放、夹取、重洗、滴加试剂等各种实验操作，掌握实验操作流程和操作规范，有效地训练了学生基本实验技能，减少了实验器材和实验药品的损耗。VR 实验还大大缩短了光合作用实验的实验周期，使学生能够在有限的课堂时间里，完整地经历设计实验—完成实验—观测实验现象—分析实验数据—得出实验结论的全过程，突破了"绿色植物通过光合作用制造有机物"一课在传统教学实验过程中的局限和困难，超越了时空的局限，学生的学习成就感、知识获取度、思维训练度都大大增强。

4. 拓展延伸

教师出示教学视频，大量科学家进行了实验，证明只有绿色植物（含有叶绿素细胞）才能通过光合作用产生有机物，制造淀粉。淀粉不仅是植物生长所需的养料，更是人类不可或缺的能量来源。不仅仅是人类，所有其他生物的食物都直接或间接地来源于绿色植物的光合作用。绿色植物每年能够合成大约5000亿吨有机物，是整个生物圈中的生产者，为人类及其他动物的生活提供了养分及能量。

环节解析

教师通过视频展示，让学生进一步明确生物圈中人类、动物与绿色植物之间的密切关系，树立保护植物、爱护环境的意识。通过观看"光合作用"的探究历史，学生进一步体会科学研究的严谨性、漫长性，培养其热爱科学、崇尚科学的品质。

20.3.3 学案设计

探秘光合作用		
请同学们进行分组讨论，进行光合作用实验设计，并完成学习单。		
实验名称	光合作用实验设计	
小组成员		
实验目的		
实验器材		

续表

探秘光合作用	
实验名称	光合作用实验设计
实验步骤	
实验现象	
实验结论	

第 21 章　鱼的运动与呼吸

21.1　教学背景分析

　　大自然中生活着各种各样的动物。鱼类是其中一个极大的种群。鱼类为什么能够在水中生活，鱼类的身体结构有什么特殊之处，这是学生很感兴趣的话题。学生经过一、二年级的科学学习，已经知道如何观察常见动物的特征。本节课的主要内容是让学生利用多种方法，观察并归纳鱼类的特征，并能分析鱼鳍在鱼类游动时的作用。在常规教学中，我们很难直接发现不同位置的鱼鳍对鱼类运动的作用，利用"观察鱼的运动与呼吸"虚拟现实教学资源和设备，学生不仅可以直观地观察鱼类的身体结构，还可以观察鱼类失去不同位置鱼鳍后运动状态的变化，进而运用比较、归纳等方法分析鱼类的身体结构是如何帮助它们在水中生活的，进一步增进对鱼类的了解。

21.2　本课虚拟现实教学资源特色

"观察鱼的运动与呼吸"虚拟现实教学资源包含 5 个模块

1. 水底漫游	在该模块中，学生可以在水中漫游，点击"鱼"可以选择并进入其他四个模块。
2. 鱼鳍的作用	在该模块中，学生可以选择让鱼失去不同部位的鱼鳍，观察鱼游动的状态。
3. 鱼的结构	在该模块中，学生可以选择鱼的不同部位，观察鱼的结构。
4. 观察鱼的呼吸	在该模块中，学生可以通过观察红墨水在鱼身体内的走向来探究鱼的呼吸。
5. 鱼的呼吸结构	在该模块中，学生可以选择并观察鱼的呼吸结构。

　　本资源适用于小学三年级教学。本节课主要使用前三个模块。

21.2.1　水底漫游

在"水底漫游"模块（见图 21-1）中，学生可以在水中漫游，观察水底生活的多种鱼类及其特征。

21.2.2　鱼鳍的作用

在"鱼鳍的作用"模块中，学生可以选择让鱼失去不同部位的鱼鳍，包括胸鳍、背鳍、腹鳍、臀鳍、尾鳍，观察完整的鱼与失去鱼鳍的鱼的运动状态有何区别。鱼失去背鳍，如图 21-2 所示。

图 21-1　水底漫游

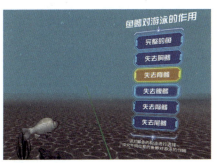

图 21-2　鱼失去背鳍

21.2.3　鱼的结构

在"鱼的结构"模块中，学生可以选择完整的鱼以及鱼的头部（见图 21-3）、身体、胸鳍、背鳍、腹鳍、臀鳍、尾鳍各部分，观察并了解各部位的位置及形态。

21.2.4　观察鱼的呼吸

在"观察鱼的呼吸"模块中，学生可以向水中滴入红墨水，观察鱼呼吸时红墨水在鱼体内的走向，思考鱼是如何呼吸的，如图 21-4 所示。

| 图 21-3　鱼的头部 | 图 21-4　观察鱼的呼吸 |

21.2.5　鱼的呼吸结构

在"鱼的呼吸结构"模块中，学生可以选择鱼鳃的整体结构以及鳃耙（见图 21-5）、鳃弓、鳃丝、鳃盖各部分，观察并了解鱼呼吸结构的各个组成部分。

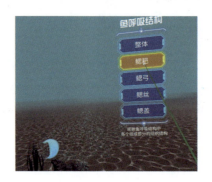

图 21-5　鳃耙

21.3　教学设计

21.3.1　教学目标

1. 科学观念

（1）能认识鱼类特征，学会抓住动物的典型特征来认识动物。

（2）认识鱼鳍的作用，了解鱼鳍对鱼类运动的作用。

2. 科学思维

能通过观察鱼的身体结构，分析鱼鳍的作用，培养形象思维，养成良好思维习惯。

3. 探究实践

（1）能操作和运用虚拟现实设备，观察、描述鱼的特征。

（2）能进行完整的探究活动，分析鱼鳍对鱼类的作用。

4. 责任态度

运用感官和虚拟现实设备多角度观察事物，对科学学习有兴趣、有热情；通过探究活动，形成细致、严谨的科学态度；培养学生爱护动物、珍惜生命的意识。

21.3.2　教学活动设计

1. 游戏导入，认识各种各样的动物

教师出示动物（猫、狗、蚂蚁、麻雀）的图片，老师提问："图片中出现的是什么动物呢？"学生看到动物图片后快速说出动物名称。

教师增加难度，出示动物身体某一部分的图片（如蝴蝶的翅膀、蜗牛的壳、长颈鹿的脖子），并提问："现在老师增加难度了！我们只能看到动物身体的某一部分，你还能猜出这是什么动物吗？你是根据什么猜出来的？"学生根据观察，结合生活中了解到的不同动物的特点，作出回答。随后教师出示动物的完整图片。

环节解析

此环节通过图片展示方式，引导学生发现本节课学习内容与动物相关。游戏化教学能最大限度地激发学生的学习兴趣，同时，学生在低年级的科学学习中，能够通过图片发现某些动物的特征，并简单描述一些动物的典型特征。本环节让学生通过特征辨识动物，运用并提升学生的观察能力，通过观察和分析动物的身体结构特征来判断动物的种类，为后续探究鱼类的特征做好准备。

2. 利用虚拟现实设备，观察鱼类结构，分析鱼鳍作用

（1）观察鱼类身体结构

教师出示本节课观察对象图片：鱼类（鲤鱼、鲫鱼、金鱼）。

教师提问："今天我们来认识自然界中一个十分庞大的物种群——鱼类。

你们知道哪里的鱼类最多？"

学生回答："水中、海里有很多的鱼类。"

教师说明："没错，作为地球上数量很多的动物，大部分鱼类都生活在水中、海洋里。下面老师将带领你们利用 VR 设备，进入奇妙的海底世界，仔细观察各种鱼类的特征。"

教师向学生介绍虚拟现实设备，演示使用方法，引导学生利用虚拟现实设备进入海底世界。学生在进入虚拟情境后可以看到丰富的鱼类，利用手柄抓住鱼类，仔细观察不同鱼类的特征，并将观察到的鱼类外形特征在纸上画出来。

教师提问："通过刚刚在海底世界的观察，你看见了什么鱼？它是什么样子的？"学生们纷纷举手上台展示自己所画的鱼，描述他们的发现。

学生上台展示各种各样的鱼，他们发现这些鱼有头，头上有眼睛、嘴巴、腮等。还有学生发现鱼身上有鳞片，身上还有很多鳍，身后有一条尾巴。教师进一步提问："鱼的身体原来有这么多特征，鱼的身体主要由几部分组成呢？"学生普遍认为鱼的身体有三大部分，即头、身、尾。

教师说明："鱼类的身体主要由头、身、尾三部分组成，身上还长有鳞片和鳍。"

环节解析

在传统课堂中，学生一般通过观察鱼缸内的金鱼或利用不同种类鱼的图片来认识鱼的身体结构，由此归纳总结出鱼类的身体特征。但是传统教学中金鱼在水中不停地游动，不利于学生进行多角度的观察。另外，传统教学中学生的观察对象较为单一，多以金鱼为主，再通过其他鱼类的图片比较、归纳出鱼类的共同特征，学生无法对多种鱼类进行观察。这不利于学生了解真实的大自然环境，而利用虚拟现实技术营造出的海底世界，学生能观察到不同种类的鱼，并能通过虚拟现实手段，将鱼放到眼前，多角度、近距离地观察到鱼的身体结构。学生能更直观、更丰富、更细致地完成观察、比较、概括的学习过程，总结出鱼类的身体结构特征，并且发现在头、身、尾三部分上还有鱼类其他的身体特征。

（2）探究鱼鳍的作用

在发现鱼类的身体特征之后，教师提问学生："利用虚拟现实设备，你们在海底世界观察鱼类时，鱼类在水中是怎样游动的？"学生发现鱼在游动时，并不是一直向前，经常会出现转弯的现象。

教师继续提问："为什么鱼在水中能够自由自在地游动，时快时慢，甚至还能转弯呢？"

学生根据已有经验指出鱼在水中游动是靠鱼鳍，教师布置本环节观察任务：观察鱼鳍对鱼游动有什么作用。

在本环节观察任务之前，教师需要引导学生发现鱼的身体哪些部位有鱼鳍。教师出示鲫鱼图片，引导学生观察鲫鱼哪些部分有鱼鳍。学生发现鲫鱼的尾巴、后背、腹部、胸部都有鱼鳍。通过老师的讲述，学生了解到大部分鱼类的鱼鳍包括胸鳍、腹鳍、臀鳍、尾鳍和背鳍 5 个部分。

再次回到本环节任务——"了解鱼鳍对鱼类游动分别有什么帮助"。教师首先引导学生猜测不同部位的鱼鳍对鱼类游动有什么样的作用，并且将猜测记录到学习单中。

大部分学生通过平时的观察认为，尾鳍的作用是转向，而其他的鱼鳍则可以帮助鱼保持平衡。教师引导学生思考，"如果我们想要了解不同部位的鱼鳍作用，我们应该怎么办？"学生通过小组讨论发现，如果我们想要了解某一部位的鱼鳍对鱼类游动的作用，就需要让鱼类失去某一部分的鱼鳍，再观察鱼类游动的变化，然后总结这一部位的鱼鳍对鱼类游动有什么样的作用。老师引导学生发现这种操作在课堂上难以实现，并且会对鱼类造成伤害，所以可以利用虚拟现实设备来完成这一实验。

教师再次使用 VR 设备进入"鱼鳍的作用"模块，引导学生利用"鱼鳍的作用"模块，通过观察完整的鱼的游动状态（见图 21-6），选择使鱼失去某一部位的鱼鳍，观察鱼失去尾鳍后的游动状态（见图 21-7）有什么变化，并将这种现象填写到记录单中。

图 21-6　完整的鱼的游动状态　　　　图 21-7　失去尾鳍的鱼的游动状态

学生通过操作 VR 设备发现，失去尾鳍后，鱼很难游动，并且无法进行转向。失去胸鳍、腹鳍、臀鳍后，鱼游动速度受到影响，还会摇晃。失去背鳍后，鱼会侧翻过来。

教师引导学生："我们发现了鱼在失去某一部位的鱼鳍后，游动状态发生了改变，并且失去不同部位的鱼鳍后，鱼的游动状态不一样。那我们能不能够通过刚才的观察发现，总结出鱼鳍对鱼类游动有什么样的作用呢？"

教师引导学生详细说明实验过程，并将最后总结出的"鱼鳍对鱼类游动的作用"结论与全班同学交流分享，其余同学补充实验过程及结论。

学生发现鱼类失去鱼鳍后，会出现无法游动、无法保持平衡、无法转向等情况，从而总结出鱼鳍在鱼类游动过程中，主要起到了提供动力、改变方向、保持平衡的作用。

环节解析

在传统教学中，为了让学生通过探究实验发现鱼鳍的作用，曾出现过束缚鱼鳍或剪掉鱼鳍后再观察鱼的游动变化，从而得出鱼鳍对鱼类游动作用结论的情况。这些方式无疑会对鱼类造成极大的危害。后来为了保护动物，同时为了培养学生珍惜生命的意识，这类实验就取消了。这样一来，学生只能通过视频资料或者教师讲解获取"鱼鳍的作用"这一知识，无法真正通过主动探究和实验观察到鱼类在失去鱼鳍后游动的变化。这违背了科学课程希望学生能够通过主动探究、主动学习来获取新知的初心。而虚拟现实教学解决了"鱼鳍的作用"无法进行真实实验探究的问题。利用虚拟现实教学资源，学生可以观察、比较鱼失去某一部位鱼鳍后的游动姿态，从而分析各部位鱼鳍对鱼类运动的作用。在此过程中，学生经历了完整的探究过程，从提出问题（鱼鳍对鱼类运动的作用）→作出假设（各部分鱼鳍对鱼类运动的作用）→制订计划（采用虚拟现实技术，使鱼失去某一部位鱼鳍，观察鱼的变化）→搜集证据（进入虚拟情境，进行实验验证）→处理信息（记录实验结果）→得出结论（通过比较、分析，得出鱼鳍对鱼类运动的作用）→表达交流（展示实验记录，描述过程、结论）的过程，使学生具有初步的科学探究能力，并且在这个过程中，从了解鱼类的身体结构，到认识鱼鳍对鱼类游动的作用。内容的安排帮助学生由整体到部分观察，由现象到本质探究，学生的思维逐步递进，学习能力、思维能力得到提升。

　　虚拟现实技术不仅帮助教师实现传统教学中难以实现的情境，同时还有助于培养学生热爱自然、珍爱生命、保护环境的意识，认识到先进科学技术的出现是为了解决我们生活中遇到的无法解决或违背伦理的难题，认识到科学技术的发展是为了帮助人类更好地探索这个世界，理解这个世界。

3. 总结概括鱼类特征与鱼鳍作用

　　教师引导学生回顾本节课内容，即鱼的身体有3部分，分别是头部、身体、尾巴。鱼身上有鱼鳍，鱼鳍在鱼类游动过程中起到提供动力、改变方向、保持平衡的作用。

　　学生在使用虚拟现实设备完成本节课的学习内容后，对鱼类有了更加准确的认识，对鱼类也产生了极大的兴趣，希望探索鱼类的更多奥秘。老师提示学生，关于鱼类的知识还有很多，我们可以像在课堂上一样，利用虚拟现实教学资源中的其他模块，继续学习鱼类的知识，探索鱼类的奥秘。

环节解析

　　此环节的设置是希望通过本节课程学习后，学生更愿意、更有兴趣去探究鱼类，对鱼类有更多、更准确的认识。同时，再次提起学生对虚拟现实技术的兴趣，利用科技设备去了解我们身边的事物。

21.3.3　学案设计

　　观察鱼（见图21-8），并回答以下几个问题。

　　（1）鱼有什么特点？

　　（2）鱼在水中是如何游动的？为什么鱼能在水中游动？

　　（3）鱼的身上一共有几种鳍？在图中标记出来。

图21-8　鱼

图 21-9　鱼鳍

（4）各部位的鱼鳍分别起到什么作用？（猜想、填写记录表）

（5）在虚拟情境中，观察、探究鱼鳍的作用。（完成记录表）

鱼鳍	鱼鳍的作用（猜测）	实验现象	鱼鳍的作用（实验后）
胸鳍			
腹鳍			
臀鳍			
背鳍			
尾鳍			

第 22 章

认识人脑的结构

22.1　教学背景分析

　　脑是人体的指挥官，比世界上最高级的电子计算机还要复杂。我们人类的许多活动都是在脑的指挥之下进行的。脑的结构复杂，功能众多。本节课主要带领学生观察脑的结构，学习脑的重要功能。

　　在日常教学中，教师往往只能借助图片展示脑的表面结构，很难展示大脑的立体结构或内部结构。借助"认识人脑的结构"虚拟现实教学资源，学生能够多角度观察和学习脑的结构，增强学生的体验感。

22.2　本课虚拟现实教学资源特色

"认识人脑的结构"虚拟现实教学资源包含 2 个模块

1. 脑的整体认知	在该模块中，学生可以了解人脑的主体结构：大脑、脑干、间脑、垂体、小脑、脊髓。
2. 脑的细致认知	在该模块中，学生可以了解人脑重要部分的结构和功能。

本资源适用于小学五年级教学。

22.2.1　整体认知

　　在"脑的整体认知"模块（见图 22-1）中，学生可以近距离观察人的脑部，通过图文、语音讲解，了解脑的主体结构。人脑的主体结

图 22-1　脑的整体认知

193

构包括：大脑、脑干、间脑、垂体、小脑、脊髓。

22.2.2 细致认知

在"脑的细致认知"模块中，学生通过动画和文字介绍，主要学习大脑的结构和功能（见图 22-2）、脑干的结构和功能（见图 22-3）、小脑的结构和功能（见图 22-4）以及其他重要部位的结构和功能。

图 22-2　大脑的结构和功能

图 22-3　脑干的结构和功能

图 22-4　小脑的结构和功能

22.3 教学设计

22.3.1 教学目标

1. 科学观念

了解人脑的形态特点、结构和功能。

2. 科学思维

收集虚拟情境中的信息，并进行分析，抽象概括形成结论。

3. 探究实践

能够开展沉浸式体验和学习，能够将虚拟体验与真实体验活动相结合，进行自主学习与合作学习。

4. 责任态度

深刻感受到大脑司令部的神奇，关注脑健康，养成良好的生活习惯。

22.3.2 教学活动设计

1. 材料分析，引入新课

（1）教师准备带有资料的小卡片，学生按组抽取后分组阅读和交流

卡片 1 的内容是：爱因斯坦有着非凡的逻辑思维能力和空间认知能力，经过科学家们的研究，爱因斯坦的大脑与普通人脑有许多不同，最明显的不同在于他的大脑左侧额叶比普通人多一个褶皱。卡片 2 的内容是：有一名工人出了车祸，大脑颞叶部分受到撞击受损，随后他的短时记忆能力丧失。

（2）教师引导学生分组阅读卡片资料，结合学生从资料中提取的信息展开讨论

拿到卡片 1 的同学能够分析出爱因斯坦的思维能力和空间能力强是因为他的脑结构与普通人不一样。拿到卡片 2 的同学能够说出人脑部位受损会影响记忆能力。教师引导学生聚焦，关注到大脑的结构非常复杂，不同的结构具备不同的功能，如思维能力、记忆能力、视觉能力等。

2. 初步感知，认识脑的外部特点

（1）教师提问：我们已经知道了关于脑的知识，我们的脑在哪呢？

学生们伸出双手，从前额向后抚摸，感知大脑的位置。学生会说到硬的地方是头骨，我们的大脑就在头骨之下。

（2）教师进一步引导学生思考：我们的大脑有多大多重呢？

学生用手比画，会提到大概一个拳头的大小。教师随后讲解，我们的大脑有双拳并拢这样大。将双拳分开，学生可以看出大脑是分成两个部分的，科学家们将它们称为大脑的左半球和右半球。人脑的平均质量约为1400克。老师为同学们准备了1400克的重物，大家可以掂一掂。

（3）教师进一步提问：你知道脑的"硬度"有多大吗？

有的学生提到大脑很软，硬度跟豆腐差不多。教师让学生摸一摸提前准备好的豆腐，感受豆腐的硬度，从而感受到大脑是比较软的，所以需要头骨的保护。

（4）教师引导学生思考：我们的大脑是什么形状，什么颜色的呢？

① 学生各自发表想法。有的学生提到，我们需要亲自看一看大脑的样子。教师指导学生操作虚拟现实手柄，利用虚拟现实教学资源来观察大脑的形状和颜色，随后也可以利用手柄将大脑皮层褶皱展开进行观察。学生边观察边填写学习单。

② 学生们在完成操作后，进行交流和讨论。有的同学说大脑的颜色是淡粉色的，形状是椭圆形的。有的同学说大脑就像一些麻绳团在一起，还有的同学说大脑就像雨花石铺成的小路，弯弯曲曲的，不平整。同学们的比喻特别形象、生动，大脑表面的形状和核桃很像，凹凸不平，褶皱丛生。如果我们将这些褶皱铺平，会发现大脑的表面积是非常大的，因此大脑具备非常强大的功能。

拳头感知脑的大小和质量，利用豆腐感知脑的软硬程度，利用虚拟教学资源感知脑的形状和颜色。在虚拟教学资源中，学生可以近距离观察到大脑皮层的褶皱，如果褶皱展开，大脑皮层的表面积是非常大的，这是大脑具备强大功能的基础。

3. 在虚拟情境中学习脑的结构和功能

（1）学生仔细观察脑的外部特点后，进一步深入剖析脑的结构和功能

教师引导学生交流讨论：你认为脑有什么功能呢？学生表达自己的看法，提出人的运动、感觉、语言思维、听觉、视觉、嗅觉等都离不开大脑。

（2）教师引导学生继续在虚拟情境中探索

学生点击大脑不同的位置，深入了解大脑各部分的功能，学生边观察边尝试着完成学习单。

虚拟体验的操作步骤如下：学生用右手手柄射线选中列表中的结构选择框，扣扳机选中，显示该部位的文字介绍框，播放语音播报，选中的部分保持彩色，其他部位全部变成透明状态。手柄放置到模型上扣动扳机即可拿起模型观看，松开扳机后可自动恢复到原位置。

（3）通过虚拟体验，学生发现大脑分为左半球和右半球

左脑就像个雄辩家，善于语言和逻辑分析，又像个科学家，善于抽象思维和复杂计算，但是刻板、缺乏幽默和丰富的情感。右脑就像艺术家，善于非语言的形象思维和直觉，对音乐、美术、舞蹈等艺术活动有超常的感悟力，感情丰富。左右脑由胼胝体结合在一起，共同处理来自外界的信息。

（4）教师引领学生从脑的外表皮层开始，由外到内，学习了解脑的结构和功能

大脑皮层主要包括额叶、枕叶、顶叶和颞叶。不同区域有不同的功能。

（5）小结

人脑内部结构主要包括脑干、垂体、小脑、脊髓。脑干是生命监控的中心，维持个体生命。垂体是掌管内分泌系统能力的。小脑的主要功能是维持运动协调和保持平衡。脊髓的主要功能是向大脑传递信息，将大脑信息传送到周身骨骼肌，控制身体的基本动作。

（6）教师引导学生完成任务单

教师引导学生关注人脑的复杂性，指导学生完成学习单，巩固自己的观察

结果。

环节解析

　　教师引领学生按照由"脑的外表皮层"到"脑的内部结构"的顺序进行学习。学生在虚拟情境中点击脑的不同位置，学习脑的不同功能，自主搜集信息。虚拟教学资源可以帮助学生全面立体地观察脑，尤其是脑的内部结构。

4. 实践体验，体会脑的功能

　　人体的很多活动和身体行为都离不开脑的作用，接下来让我们再次通过虚拟体验，了解脑的功能体现。

　　教师指导学生操作手柄，分别点击小脑、左脑、右脑的位置。旁边会出现案例以及相对应的图片或视频。小脑发达的人擅长平衡性运动，例如：单脚站立、模特步、倒着走等等。左脑发达的人善于语言和逻辑分析，适合从事科学研究，长于抽象思维和复杂计算。例如：推理能力强，计算速度快，善于分析问题等等。右脑发达的人长于非语言的形象思维和直觉，对音乐、美术、舞蹈等艺术活动有超常的感悟力，感情丰富。例如：掌握某一种乐器的能力强，画画好，想象能力强等等。

　　开展有趣的小活动，引导学生体会脑的功能。

　　活动①："看一看"。教师引导学生观看有趣的视错觉图形，如图 22-5 所示。同学们会感觉很神奇，明明是两个一样大小的圆，看起来橙色的圆比绿色的圆大。明明是两条直线，看起来却是弯曲的。

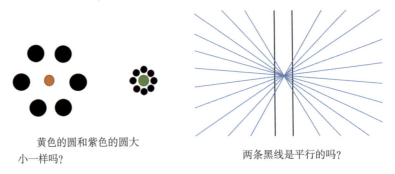

黄色的圆和紫色的圆大小一样吗？

两条黑线是平行的吗？

图 22-5　有趣的视错觉图形

　　通过前面的学习，学生可以解答这一问题。其实这是由于我们的脑把双眼传来的信息进行分析和综合，才能形成立体的视觉。脑能够对事物做出认知和判断，主要是大脑结构中枕叶所起到的作用。

活动②："记一记"。大脑可以帮助我们回忆很久以前发生的事情，也可以帮助我们记忆正在发生的事情，想不想试一试我们的记忆能力呢？教师展示一幅图片，30 秒后，关闭屏幕，学生们尝试进行语言描述。有的学生记忆能力强，能够完整地描述出来，有的学生部分细节没有描述出来。

通过体验，我们可以感受到大脑的记忆功能，而且每个人的记忆能力是不同的。这主要是大脑结构中颞叶部分的海马体所起到的作用。根据科学家们的最新研究，记忆的形成是非常复杂的，还需要我们更深入探索。

活动③："试一试"。教师展示"金鸡独立"的图片，同学们试着做一做，并说一说感受。有的同学很快就站不住了，感觉单腿站立很难，身体会控制不住地倾倒；有的同学站的时间比较久，说感觉挺简单的，但是也不能站太久了。

通过体验，我们可以感受到身体的协调能力和平衡能力，这便是小脑的功能了。

教师引领学生再次体会人脑是人体的指挥官，人的许多行为活动都与脑有着密切的关系。脑部不同的结构掌管着不同的功能。根据科学家们的最新研究，脑的不同区域除了负责各自的功能之外，还通过与其他区域的协同活动来完成更多更复杂的任务。人的记忆力、创造能力经过专门的训练都能够得到提升。所以我们要了解自己的强项和弱项，有意识地针对弱项进行训练，使大脑得到均衡的发展。

环节解析

人的一个简单的动作，或者不经意间看到某样物体，我们的大脑都要进行复杂的工作。学生通过亲身活动体验，对应找出我们的行为主要是由哪个部分的功能控制的。让学生在活动中体会到大脑对于人体的重要意义。在师生交流谈论环节，教师也可以对学生是否掌握脑的结构和功能进行有效评价。

5. 拓展延伸，保护大脑

我们的脑作为人体指挥官，如此的重要，那么我们应该如何保护它呢？

师生探讨交流。青少年正处于生长发育的关键期，同时也是大脑发育的关键期，有的学生提到，要保护脑部，首先要做好外部的保护。虽然颅骨很坚硬，但也禁不住剧烈的撞击。随后学生提到要进行充分的体育锻炼，多进行有氧运动，比如跑步、游泳，给大脑提供充分的氧气。还有学生提到要早睡早起，养成良好的生活习惯，保持充足的睡眠，给予脑充分的休息时间。除此之外，学生还会想到要保持良好情绪、全面营养等。

环节解析

> 本节课通过材料分析、虚拟观察、亲身体验等活动，学生知道人脑结构复杂，分区细致协调，高度联系。健康的大脑才能正确地指挥机体执行各项指令，进行正常的生活、学习和工作，所以在本节课的最后非常有必要交流讨论保护脑这个话题。

22.3.3　学案设计

探究人脑的结构和功能						
一、填一填	人脑	重量	大小	硬度	形状	颜色
二、画一画（脑的结构）						

第 23 章

废电池对生物的影响

23.1 教学背景分析

随着科技的发展和生活水平的提高，人类对地球资源的消耗越来越大，产生了大量垃圾。垃圾危害地球环境，垃圾的处理是人类面临的重要环境问题。学生在生活中会产生各种垃圾，有时也会将垃圾随手丢弃。作为地球家园的一份子，学生应该关注并积极参与到垃圾分类与处理行动中，认识垃圾分类的重要性，并初步掌握垃圾分类的方法。

"废电池对生物的影响"虚拟现实教学资源帮助学生了解废电池对环境的不良影响，了解垃圾类别和正确处理方式，常规教学中教师往往采用播放随意处理有害垃圾对生物影响的视频或者图片的方式达成教学目标，但是，学生的感受不深刻。"废电池对生物的影响"虚拟教学资源能够让学生有身临其境的感觉，认识到自己的一举一动都会影响地球环境的变化，环境的变化也会影响人类的生命，从而引发学生更深层次的思考，从空泛地谈"别人"应该怎样处理垃圾，转变成"我要"主动参与到垃圾分类的行动中，从点滴做起，树立爱护环境的意识，从而养成好的行为习惯。

23.2 本课虚拟现实教学资源特色

"废电池对生物的影响"虚拟现实教学资源设有一盒废电池和三个鱼缸。根据实验操作步骤提示（见图 23-1），学生可以向三个鱼缸投放废电池（见图 23-2），在三个鱼缸中分别投放不同数量的废电池（见图 23-3），观察鱼的变化，探究废电池对生物的影响。

本资源适用于小学六年级教学。

图 23-1　实验操作步骤提示　　　　图 23-2　向鱼缸中投放废电池

学生操作完成后，点击"下一天"，可快速进入下一天观察鱼的变化。多次点击可观察数天后鱼的变化，如图 23-4 所示。

图 23-3　在三个鱼缸中分别投放 0、1、　　图 23-4　观察数天后鱼的变化
　　　　　2 个废电池

23.3　教学设计

23.3.1　教学目标

1. 科学观念

知道垃圾是人类活动产生的废弃物，人类每天产生大量垃圾，对地球环境造成危害。

知道生活垃圾可按照一定标准分类，知道有害垃圾要进行专业无害化处理。

某些种类的垃圾回收后再加工能实现资源再生，某些种类的垃圾要进行专业处理。

能调查生活垃圾产生的来源并讨论解决问题的办法。

2. 科学思维

培养学生的综合分析能力和抽象概括能力，以及能按照一定标准进行分类的能力。

3. 探究实践

采用虚拟实验探究废电池对生物的影响，认识到有害垃圾对人类、动物和环境的危害，培养学生观察能力和探究能力。

4. 责任态度

理解垃圾分类的意义，减少制造垃圾，参与力所能及的资源保护，建立环境保护意识和可持续发展理念。

23.3.2　教学活动设计

1. 教学导入，聚焦问题

教师为学生展示视频，绿色的草坪上有三个已经装满垃圾的垃圾桶，人们随意地将垃圾扔在草坪上。教师提出问题：观看这个视频之后你有什么感受？垃圾是怎样产生的？

学生共同的感受是视频里的环境非常不整洁、不卫生，如果在真实场景下，我们一定可以闻到刺鼻的气味，并且垃圾会对土地带来污染，因为垃圾周围的土地已经没有草了。人类需要喝水吃东西，所以矿泉水瓶、塑料袋、果皮等废弃物就成为垃圾。

教师总结垃圾产生的原因：在日常生活中，我们要消耗地球上的各种资源满足自身所需，就会产生很多的垃圾。

> **环节解析**
>
> 通过在视频中看到触目惊心的垃圾景象，学生关注到人类面临的垃圾处理问题，产生对垃圾处理办法的思考，建立环境保护意识。

2. 垃圾的调查

（1）调查生活中的垃圾

教师提出问题，日常生活中会产生哪些垃圾？学生进行讨论，将产生垃圾的场景分为家庭生活产生的垃圾和校园中产生的垃圾，并将调查结果填写在表格中，以小组为单位进行汇报。

垃圾调查表

家庭生活产生的垃圾	校园产生的垃圾

（2）交流、讨论应对办法

教师引导学生进行班级交流，聚焦问题：面对日益增多的垃圾，我们应该怎么处理？在日常生活中，我们国家垃圾分类的宣传与普及非常到位，学生根据生活经验，基本上都能够说出应该将垃圾分类并投放到相应的垃圾桶中，只是有些垃圾的类别会混淆，提出垃圾再利用办法的同学较少。此时教师提出垃圾分类处理和回收是实现资源再利用的重要办法。

环节解析

通过调查身边垃圾产生的来源，学生了解到地球上的垃圾如今日益增多，垃圾数量让人触目惊心。学生关注并讨论解决垃圾增多这个问题的办法。

3. 垃圾分类与回收

（1）认识垃圾分类箱

教师组织学生观察垃圾分类箱，理解垃圾分类箱上各类垃圾类别的含义。学生通过观察垃圾分类箱，学会辨认垃圾桶的类别。

（2）介绍垃圾分类方法

生活中的垃圾可分为以下四类。

① 可回收物：适宜回收和资源化利用的垃圾。例如，废弃的玻璃、金属、塑料、纸类、织物、家具、电器电子产品等。

② 厨余垃圾：容易腐烂的食物残渣、瓜果皮核等含有机质的垃圾。包括家庭厨余垃圾、餐厨垃圾、其他厨余垃圾等。例如，菜梗菜叶、剩饭等。

③ 有害垃圾：对人体健康或自然环境造成直接或潜在危害且应当进行专门处理的垃圾。例如，电池、灯管、家用化学品等。

④ 其他垃圾：除可回收物、厨余垃圾、有害垃圾以外的其他生活垃圾。例如，尘土、烟头、陶瓷制品、已污染的塑料袋（膜）、一次性产品、已污染的

纸巾、毛发、旧毛巾、内衣裤等。

（3）利用虚拟实验探究有害垃圾对生物及环境的影响

教师提出问题：在生活中我们避免不了会产生一些有害垃圾，如废电池等，如果随意丢弃废电池会有什么后果？学生猜想并回答：如果将废电池随意丢到地上，地上的花草树木或者小虫子会死亡，可能很长时间都无法长出植物了，生态环境会遭到破坏。

教师追问：怎样能够知道废电池会不会对生物的生命造成影响呢？引导学生制订探究实验计划。

学生都认为废电池会对生物的生命造成影响，并且大多数同学都能够想到运用对比实验的方式，将电池埋入到两块土壤中，并种上植物，观察植物的生长情况，如果土壤中埋入废电池的植物死亡，土壤中没埋入电池的植物维持原样，这就说明废电池对生物的生命会造成影响。

教师肯定学生的想法并提出自己的建议，植物的变化可能会非常缓慢而且生长会受到很多因素的影响，我们可以换一种实验材料，还运用同学们所提出的对比方式，比如说我们可以用一种小动物——鱼来做这个实验。学生纷纷表示，用鱼做实验太残忍了，万一鱼真的死了呢？这样做可能真的会危害到鱼的生命。

教师表扬学生具有爱心，懂得不为了自己的目的而伤害到小动物，并给学生展示虚拟现实设备：同学们不用担心，今天我们不用真的鱼来做实验，尝试一种新的实验方式来验证你们的想法。学生看到虚拟现实设备非常兴奋，跃跃欲试。一方面保护了鱼类，另一方面满足了学生喜欢使用新型电子产品的好奇心。

在教师指导下，学生进入"废电池对生物的影响"虚拟实验情境，将废电池依次投放到第二个和第三个鱼缸中，学生看到废电池使鱼缸中的水被污染，水面上漂浮着一层彩色的污染物，鱼缸里的鱼随着天数的增加逐渐地死亡，废电池多的鱼缸内的鱼死亡的速度最快。学生填写"废电池对生物的影响记录表"，如表 23-1 所示，在逼真的虚拟实验情境中学生感到非常惋惜和震撼。

表 23-1　废电池对生物的影响记录表

序号	第一天	第二天	第三天	第四天	第五天
1 号鱼缸					
2 号鱼缸					
3 号鱼缸					

实验步骤如下。

① 向鱼缸中分别加入 0、1、2 个废电池。手柄触碰到电池时电池有绿色高亮提示，扣扳机抓取电池放到鱼缸处，鱼缸出现高亮提示时松开扳机将电池放入鱼缸。

② 添加完后，点击"下一天"，观察鱼的变化。右手柄射线指向按键，按键变为橙色时扣扳机点击进入"下一天"，可以重复点击，观察数天后的情况。

环节解析

让学生了解垃圾分类标准，掌握可回收物的种类，认识到有害垃圾破坏环境，威胁生物的生存。采用虚拟实验代替传统实验，可以避免对真实鱼类的伤害，使科学课堂更有人道主义精神，将生命教育渗透到日常科学教学当中。同时缩短了实验时长，让学生在短时间内认识到有害垃圾对生物的影响。运用探究实验的方式在帮助学生理解垃圾分类意义的同时，还可以很好地发展学生的探究能力。

4. 垃圾与资源

（1）阅读学习材料

教师引导学生结合前面的活动和生活经验进行阅读，了解垃圾分类后"可回收物"的去向，了解"可回收物"中的"玻金塑纸"经加工后的再生产品。

学生认识到生活中很多物品都是垃圾回收再利用的产物，这样做能够减少垃圾填埋的土地面积，节省地球的空间，减少垃圾处理产生的污染气体。

（2）设计废物利用小制作

教师组织学生交流生活中有哪些闲置物品可以再利用。学生开动脑筋，思考自己平时随手扔掉的物品哪些可以再利用，自主设计"变废为宝"方案，交流汇报。

最后教师总结：首先我们要从源头控制，尽量减少垃圾的产生；其次，对于已经产生的垃圾，要做好垃圾分类，垃圾中的可回收物是宝贵的可再生资源；还要注意垃圾的无害化处理，以免污染环境，危害生物的生命健康。

让学生通过自主阅读，了解可回收垃圾经加工处理后，可以实现资源再利用。使学生树立资源再利用的意识，认识到垃圾分类的重要价值。通过交流分享，不断丰富知识，增强协作精神。

23.3.3　学案设计

废电池对生物的影响	

1.垃圾的调查	日常生活中会产生哪些垃圾？ **垃圾调查表** <table><tr><td>家庭生活产生的垃圾</td><td>校园产生的垃圾</td></tr><tr><td></td><td></td></tr></table>
2.了解垃圾分类	厨余垃圾 可回收物 其他垃圾 有害垃圾
3.探究废电池对鱼的影响	废电池会对鱼类造成什么影响？ _____ _____ 完成"废电池对生物的影响"虚拟实验，并填写记录表。 **废电池对生物的影响记录表** <table><tr><td>序号</td><td>第一天</td><td>第二天</td><td>第三天</td><td>第四天</td><td>第五天</td></tr><tr><td>1号鱼缸</td><td></td><td></td><td></td><td></td><td></td></tr><tr><td>2号鱼缸</td><td></td><td></td><td></td><td></td><td></td></tr><tr><td>3号鱼缸</td><td></td><td></td><td></td><td></td><td></td></tr></table> 我发现：_____ _____ _____ _____

续表

	废电池对生物的影响
4.变废为宝	开动脑筋，把生活中的闲置"废物"再利用起来。 我的设计方案　　　　　　　成果

台、火山喷发模拟现场、时间隧道、热带雨林演示秀、海上航行器、虚拟医学等。在首都博物馆的"王后、母亲、女将——纪念殷墟妇好墓考古发掘四十周年特展"中，观众可以通过 VR 眼镜"亲临"妇好墓穴，前往内部共六层，一睹随葬品的现场风貌。长春中国光学科学技术馆构建基于虚拟现实的"红外侦查"情境，观众可在情境中以侦察兵的角色勘察敌方营地，利用红外侦查效果进行激光制导的信号发射并选择目标进行定向制导爆破。上海自然博物馆将昆虫主题教育活动与虚拟现实技术结合，制作了展示昆虫的发声、伪装、生活史、取食以及发光等"微观"过程的 VR 系列视频。观众戴上 VR 设备后，观众可以穿梭在夏日夜晚的灌木丛中，近距离观察鸣虫的摩擦发声，实现完整观察一只雄性螳螂的觅食过程等充满趣味的体验，从而了解昆虫的生活环境与活动习性，走进奇妙有趣的昆虫世界。美中不足的是该昆虫系列视频还缺少更多的互动环节，如尚未有通过操作手柄与情境中的昆虫产生互动的操作任务，观众"只能看"而"不能动"。

相比而言，广东科学中心"虚拟漫游"展示项目在"看"的基础上进一步加入了"动"的设计。该"虚拟漫游"展项共设置了三个不同的情境，分别是"珠江畅游""海底世界"和"空中游览"。

（1）珠江畅游。观众首先乘坐电动轨道车进入"珠江畅游"的情境，情境设计成 $14m^2$ 的圆形房间，营造一种船的感觉。船和船上的物品为实景，珠江和两岸的景色为计算机生成的虚景，二者经过有机的融合呈现在头盔显示器中，观众仿佛坐在船上游览珠江两岸的景色、往来的船只、低空飞行的飞机、江面上的气球等。这里还设计了喂鸽子的互动情节，观众可以通过手持设备进行互动并与鸽子嬉戏，此时手持设备会变成一个喂鸽子的盘子。当船进入"珠江夜景"时，观众可以让手持设备变成一个礼花筒，并且通过燃放礼花来庆祝。

（2）海底世界。观众游览完"珠江畅游"后来到"海底世界"，这里利用布景将 $16m^2$ 的圆形房间布置成为海底情境，包括海底岩石、珊瑚礁等。背景制作成蓝色，让观众有一种完全置身海底的感觉。但是当你戴上头盔后，你会惊奇地发现各种各样的小鱼、海豚、海龟等友好的动物在你周围游动。参与者可以用自己手中的手持设备直接抓取海底的珍珠（此时变成机械臂）；或者可以用手持设备（此时变成一条小鱼）来喂海豚。当凶猛的鲨鱼逼近时，参与者可以将激光枪（手持式互动设备）对准鲨鱼。参与者对准鲨鱼，扣动扳机发射激光，鲨鱼受到攻击，仓皇离去。随后鱼群重新回到参与者周围，并簇拥着参与者浮上海面。此时电轨车缓缓开动,驶入"空中游览"情境。

（3）空中游览。整个 $14m^2$ 的圆形房间布置成为飞船的内部情境,观众仿佛乘坐飞船在空中通过舷窗饱览广州的壮丽景色。戴上头盔显示器,你可从舷窗鸟瞰广州现代化的夜景,时而穿过摩天大楼,时而与珠江宏伟的跨江大桥擦肩而过,最后飞船降落在广东科学中心的正门广场,并结束整个漫游行程回到序厅。

广义上讲,除上述沉浸式虚拟现实系统外,目前各类科技场馆中可应用的虚拟现实展示项目还包括另外两类:一是数字影院系统,包括折幕、弧幕、环幕、穹幕、球幕等展示系统、异形屏幕展示、立体纱幕系统和幻影成像系统,这些是数字展示设计中最常用的手段,广泛应用于科技类博物馆和展览馆。这类系统可以结合实体造景,主体是屏幕上的影像,观众仍是被动的,其信息主要来自于屏幕展示的内容,缺乏互动性,艺术的表现力有限,但它带来的沉浸感和真实感较为强烈。二是互动多媒体系统,包括数字沙盘、互动地幕、互动桌面、互动幕墙等,这些是较为常见的展示手段。此类系统关注的是怎样将信息更直观、更全面、更多元地表现出来。这两类展示形式在科技场馆中已经有广泛的运用,并且实践效果良好。

虚拟现实展项在部分高校的特色展馆中也有采用,如南开大学文学院在迦陵学舍（用于陈列、研究古典文学专家叶嘉莹先生资料的展馆）中建设了中华诗教虚拟仿真平台,用于推广传播"诗教"文化。有的高职院校利用已建设的虚拟现实应用技术研究中心、虚拟仿真实训室、三维动画实训室、视频编辑实训室、摄影摄像实训室等实训室,以及各类三维建模、动画制作、虚拟现实开发、视频剪辑特效的设备器材及相关软件,开展科普教育。如武汉城市职业学院已经具备开展 VR 多人互动游戏、消防灭火、长征回忆录、湘江突围、飞夺泸定桥等科普项目的能力。中小学校多媒体教室及配套设备,移动互联网的全面覆盖,为 VR 进入课堂提供了可能。《中国 VR/AR 教育产业现状及未来趋势预测》显示,VR 教室将是未来中小学校的重要建设内容。已有部分中小学建立了基于虚拟现实的科普专用教室或小型的校内科普场馆,用于特色校本课程、校园安全、学生心理疏导、通识教育等。

实践表明,运用了虚拟现实技术的展项一经推出,往往就会受到公众的喜爱,成为场馆的"亮点"。台北大学对博物馆中的观众体验进行了调研,让观众在体验博物馆中的 VR 海底世界后完成问卷,问卷结果显示虚拟现实科普展示这种方式能够加深观众的记忆,提升观众的参观体验,激发观众的学习兴趣和学习创造力。在学习和改善技能上也有积极影响。并且，观众在体验后有很大倾向将此项目推荐给家人、朋友。由此可见，虚拟现实科普展示项目不仅能有效提升观众的认知度，激发观众的学习乐趣，并且能起到良好宣传效果，为科技场馆带来更多观众。

与虚拟现实技术相关的技术如增强现实（augmented reality，AR）、混合现实（mixed reality，MR）在科普教育中也有良好的应用前景。区别于虚拟现实技术完全遮挡双眼的体验形式，增强现实技术将真实的环境和虚拟的物体实时地叠加到同一个画面或同一空间，能让观众在半透光的环境下完成体验，让互动和体验变得更加方便可控。AR 在科普领域的典型应用情境之一是利用增强现实技术制作的交互式多媒体科普读物。具体实现过程是将纸质科普图书上的文字内容和插图预先制作成三维的多媒体虚拟学习情境及情节，并转化为程序。儿童阅读这类交互式的多媒体电子书时，只需要一台计算机、一个摄像头和一个标记片即可看到活灵活现的三维立体画面，还可以看到文字、听见音乐和录音。三维多媒体虚拟学习情境甚至可以通过翻转、旋转等方式实现互动，实时通过真实物体与虚实叠加的物体进行互动体验，获得相对其他电子出版物而言更加强烈的视觉冲击、更加强烈的情感体验和互动效果。这种"阅读"方式可以有效地消除儿童在阅读纸质图书时所遇到的语言文字障碍，克服青少年阅读中易乏味、易烦躁的心理问题。

此外，AR 技术还可以用于增强实物展品的展示和介绍、场馆导览等情境。在伦敦自然博物馆中参观时，参观者只需将相关软件安装在自己的手机上，就能看到英国广播公司节目主持人为博物馆所做的虚拟讲解。"走向现代世界"展厅设置有 9 个信号感应摄像头，当参观者对准其中的某个摄像头并发送信号时，一个虚拟的主持人就会被"召唤"出来，从容舒缓地为参观者讲解历史故事、蒸汽机的发明、第一台家庭计算机等。对于那些十分珍贵、容易损毁、细节不便观察和详细介绍、规模庞大和种类复杂等类型的展品，参观者通过使用基于增强现实技术的移动设备应用可以看到更多三维立体展示的多媒体科普素材，有效拓宽参观者获取信息的渠道，使得展品不再是冰冷、了无生气的存在。比如中国气象局开发的"玩转气象 AR 互动气象装备""AR 气象灾害"等产品通过 AR 技术和三维建模形象地将气象观测站等气象装备展现出来，并能三维模拟暴雨、台风、大风等常见气象灾害，还可以详细地演示各类气象装备、气象灾害的发生原理等知识，极大地增强了科普产品的吸引力。广东工业大学的学者为广东博物馆广彩瓷器的展示制作了一款基于增强现实的广彩瓷器展示应用程序，它为参观者提供了具有互动体验的展示系统，其中有一个功能是虚拟制作广彩瓷器，交互界面有四个功能按键，分别是选择瓷器的器形、绘制广彩瓷器的纹样、烧制瓷器和分享功能，参观者在瓷器虚拟制作过程中与瓷器模型充分进行互动，感受制作瓷器的乐趣。

1.4 虚拟现实科普教育存在的问题和发展方向

如上所述，将"实体"类和"虚拟"类展示技术有机结合起来能够突破科普展示的局限性，获得更好的展示表现力和科普教育效果，为创设更丰富、有趣的科普场景提供了无限可能。实际上，现阶段虚拟现实技术在科普中的应用与人们的期待还有一定差距。

第一，虚拟现实科普资源的数量还不能满足日益繁荣的科普教育的需求，虚拟现实科普资源的来源仍比较单一。在网络化、智能化时代，青少年科普教育中"学校＋科技场馆"的双主体格局已经发生了变化，科普教育主体的社群化特点日益凸显。国务院印发的《全民科学素质行动规划纲要（2021—2035年）》明确提出新时期的科普教育要坚持协同推进，要激发高校、科研院所、企业、基层组织、科学共同体、社会团体等多元主体活力，激发全民参与积极性，构建政府、社会、市场等协同推进的社会化科普大格局；鼓励多主体协同参与优质数字科普资源的开发开放和运行管理。虚拟现实科普资源的开发是一项技术要求高、资金投入大、时间周期长的工程，仅仅依靠科技场馆的力量远远不够，组织虚拟现实科普资源、虚拟现实科普体验平台的社会化开发，打造生态化、智慧型科普信息空间是各方共同的使命和任务。

第二，已有虚拟现实科普资源的质量不高。最突出的问题是娱乐化属性浓厚，科学属性欠缺。同时，画面的真实度、精美度、准确度也还有很大的改进空间。虚拟现实的应用不能脱离科普教育的本职，即为学习者提供更为详细、直观、贴切的科普服务，使学习者理解其中的科学原理和知识，进而激发科学探索的热情。但是，随着虚拟现实类展品迅速"流行"，本应占次要位置的娱乐化效果逐渐反客为主，成为众多科技展品设计者的主要追求目标。很多观众特别是青少年只是经历了一时热闹，并没有种下科学的种子，这不利于青少年建立对科普信息价值的正确认知，易导致科普信息偏离正确轨道，失去教育初衷。因此，在选择和制作虚拟现实展品时不能片面为提高观众的参与程度，把虚拟现实展项做成高科技玩具、游戏厅。当然，在兼顾成本、时间等客观因素的前提下，尽可能做到逼真、美观和准确，避免误导学习者。

第三，虚拟现实科普活动中人机交互的自然性、实时性和交互手段多样性有待提高。本章开头提到，虚拟现实的超强沉浸感是区别于其他信息技术的重要特点，能有效支持情境式、体验式、沉浸式科普教育方式。参与者充分沉浸到虚拟现实所模拟的情境中，获得了信息直观、快速呈现的快感，但也有可能间接导致用户逻辑思维能力的下降。因此，增加人与虚拟世界中内容的交互，让参与者能够尽可能以自然、流畅的方式对虚拟世界中的事物、过程等进行操作并给以及时的操作反馈是十分重要的。VR头盔作为构建虚拟现实环境的必备硬件，还存在重量大、移动不便等问题，数据手套、互动笔也往往存在定位不准、穿戴不便的问题，使得设备的用户体验感和交互性还远不能达到预期要求。值得注意的是，现有的虚拟现实类展项一般缺少实时人际间的互助交流环节，参与者往往是在虚拟情境中孤立地完成操作，很难实现与他人的联动，这可能会人为拉大人际时空距离，特别是不同参与者之间交流的距离。混合现实、全息投影技术为解决交互问题提供了新的可能，不过此类产品种类少，价格昂贵，离大规模应用还有很长的路要走。

相信随着现代通信技术如5G的快速发展，在超低时延通信、物联网以及移动宽带的支持下，融合虚拟现实、增强现实、混合现实等多种技术，可以实现对更多科普场景的模拟和创造。科普教育的各个主体包括学校、企业和社会性场馆都可以建设自己的"科普元宇宙"，由于元宇宙中"虚拟人"的创设，人与人之间的交互会更加真实和方便。想象一下，当你在某一科技场馆/学校的科普元宇宙中参观学习，不仅可以在高度仿真的展品、模型之中流连，还可能会遇到另一个志同道合的学习者的虚拟人化身，两人在元宇宙里携手同游，还可以针对某一内容进行交流，这将使科普教育更有魅力。当然，在教育领域中，技术的应用永远应坚持以学生为本的原则，在各类先进技术涌入科普教育的过程中，我们还要客观审视技术的作用，避免对先进技术的盲目追求，坚守科普教育的初心。

我们注意到，在有关政策引导下，广大中小学校对虚拟现实技术的接受度在逐渐提高。2019年11月，教育部印发《关于加强和改进中小学实验教学的意见》，围绕完善实验教学体系、创新实验教学方式、规范实验教学实施、提高教师实验教学能力等提出了新要求，明确提出"对于因受时空限制而在现实世界中无法观察和控制的事物和现象、变化太快或太慢的过程，以及有危险性、破坏性和对环境有危害的实验，可用增强现实、虚拟现实等技术手段呈现"。2021年12月出台的《生命安全与健康教育进中小学课程教材指南》明确提到以虚拟仿真、情境体验等形式开展实践活动。2021年教育部等六部门联合发布关于教育新基建的指导意见，鼓励学校部署学科专用教室、教学实验室，依托感知交互、仿真实验等装备，打造生动直观形象的新课堂。在上述背景下，中小学虚拟现实功能教室正在经历从无到有的过程，为弥补中小学虚拟现实科普教育的空白提供了基本物质基础，同时也为本书的编写提供了基础。

第 2 章

剖析信息技术融合教学的问题，开展虚拟现实环境下的教学设计

信息化是当今世界经济和社会发展的大趋势，以多媒体和网络技术为核心的信息技术已成为拓展人类能力的创造性工具。为了适应这个发展趋势，我国已经确定在中小学普及信息技术教育，并特别强调要加强信息技术与其他课程的整合。"信息技术与课程整合"是我国面向 21 世纪基础教育教学改革的新视点，是继承了传统学科教学的优势，同时又具有相对独立特点的教学类型。对它的研究与实施将对发展学生主体性、创造性和培养学生创新精神和实践能力具有重要意义。

史蒂夫·乔布斯生前与比尔·盖茨会面，讨论关于教育和未来学校问题时提出："为什么 IT 改变了几乎所有领域，却唯独对教育的影响小得令人吃惊？"这就是被广为流传的"乔布斯之问"。IT 是英文 information technology 的缩写，全称为"信息技术"。教育是个比较大的概念，我们从学校教育的主阵地"课堂教学"视角面对这个话题，信息技术发挥的作用的确不及其他一些领域。

众所周知，信息技术融合教学的要求在近几轮的课改中一直被重视，也作为课题被学校、教师广泛研究。在教育信息化 2.0 的时代背景下，我们又该如何发挥信息技术的作用？笔者以虚拟现实技术在科学教学中的实践研究经验思考乔布斯之问，努力寻求突破。

2.1 信息技术与课堂教学融合的困难和挑战

2.1.1 信息技术与课堂教学融合的困难

1. 信息技术的价值体现不够

信息技术一直被简单视为一种辅助技术应用于教学之中。回顾近三十年，

从笔者自身实践体验中，大概可以分为三个阶段：简单地使用录音机、电视机、投影机发展到计算机支持下的 PPT 演示文稿、互联网支持下的网络资源库等，又发展到可以交互的白板、平板电脑、虚拟现实技术等软硬件资源的使用，实现学生更丰富的学习活动设计。但我们可能还会感觉其价值可有可无，甚至可以随时被替代和弃用。

其实，这其中一个主要原因，还是学校和教师对信息技术的定位存在问题。另一方面，过度依赖信息技术，期待其能为教学工作带来革命性转变，打造教学特色。这往往就容易被信息技术所捆绑，打破原本师生都已经适应了的教育生态，导致教学设计和实施不符合教育的规律。这种现状往往给人们一种"为用而用"的感觉，秀的成分大，而教育价值不高。

2. 教师的技术应用水平有待提高

教师对信息技术手段有排斥心理，这背后的原因比较复杂，有的是自身应用现代化信息技术的能力不足；有的是运用信息技术开发教学能力不足；还有的可能是不想打破熟悉的教学方式。

3. 技术支持有待加强

服务教育的 IT 行业，对教育规律认识不够，开发出来的服务教育的技术和产品过于产品化，有替代教师教的作用，导致教学过程程序化，限制教师课堂调控的空间，其不仅没能助力教学的开展，更会导致教学质量受到影响。

其实，无论是哪一方面原因，都有一个共同之处，就是现代化信息技术在教学领域中更多还只是一项辅助技术，而没有形成一个新时代下的教学生态。因此，利用虚拟现实技术开展教学设计，不应该将该技术仍体现在支持的作用上，而是发挥其独有价值，使其成为使能技术。

2.1.2 信息技术与教育教学融合的挑战

1. 改变了获取知识的方式和渠道

先进信息技术的发展及其与教育教学的融合，改变了人类获取知识的方式和渠道。知识传递的方式正在从过去的以单向传递为主，转变为现在的多向互动。

2. 重塑了师生之间的关系

学校的教师角色正在发生转型，从过去知识单向传递背景下学生的知识传授者，转变为当前知识多向互动传递背景下学生的学习活动设计者和指导者。

这种角色转型还导致了师生关系变化，形成了一种新型学习伙伴关系。因此现在很多学者都在倡导要构建师生学习共同体，通过教师的引导，师生的互动，人机的交互和学生之间的合作来实现教育目标。

3. 颠覆了传统的学习过程

这种转型还正在颠覆传统的学习过程。在知识传输这一阶段，有可能从课堂上的教师讲授，提前到课前学生在网上个性化的学习得以实现，而知识内化这个阶段有可能从过去的课后，转变为在课堂上要完成知识内化的一部分功能。

4. 发展了学生开展学习的新方式

在这样的背景下，引导和鼓励学生自主学习、合作学习和探究式学习，正在成为国内外人才培养和教学改革的共同方向。

信息技术和教育教学融合导致的知识传递方式的转变，带来的教师角色的转型、师生关系的变化、学习过程的颠覆，正在冲击我们学校的教育教学观念、教学/学习方式、教学组织与教室布局，以及教学管理体制机制。我们必须对此有清醒的认识。

2.2　提升信息技术的教学价值，实现技术的使能

国内外学术界对于技术在教育中的作用和价值，往往用"技术支持"（technology supported）这个词，也有一大批学者使用"技术增进"（technology enhanced）。近几年，"技术使能"（technology enabled）这个词频繁出现。目前国际国内没有严格的"技术使能"相关定义。一般而言，技术使能往往跟使能技术有关。使能技术，顾名思义"使之能够"的技术。维基百科的定义：使能技术是指能够对用户的能力或文化产生根本性变化的发明或创新，其最明显的特征是一般会在不同领域快速形成衍生技术。

在小学科学课堂教学中，简单地理解信息技术的作用和价值，可以有如下的层次体现。

1. 信息技术简单支持教学任务的完成

教学比较传统，简单的视频、音频、PPT 等信息技术手段支持教师完成教的工作和学生学的任务。如 PPT 出现一幅城市夜景的图片，教师跟学生做简单的交流，使学生关注到艳丽的彩灯，于是教师提出点亮小灯泡的学习任务，PPT 上也随之出现本课课题。

可以说,这样使用信息技术手段,对于教学目标的达成并没有实质的作用,也不可能很好实现学生的素养发展。

2. 信息技术助力学生更好地达成学习目标

以学生为本的课堂更为学生的学服务,会根据学生所需提供技术支撑,在一定条件下使用恰当的信息技术手段会起到提供营养的作用,使学生更高效完成学习活动达成学习目标。如"认识昆虫"的内容,学生观察教师提供的蚂蚁、蝴蝶、蝗虫等昆虫标本进行求同归纳,并通过图片观察,判断哪些是昆虫、哪些不是昆虫,这样基本就可以实现本课的学习目的。但是,实体观察还是会受限制,终归教师课前不太可能准备出非常丰富的学习资源,而图片的观察更会制约学生全面细致的观察活动开展。

因此,如果我们能通过虚拟现实技术,让学生在实体观察的同时,也能在虚拟世界里观察更多的物种,且能够放大、翻转,会使观察活动更充分,学习过程更丰富,归纳和演绎在学生构建概念模型中起到更大的作用,这节课的教学质量将是一个质的飞跃。

3. 信息技术构架新的教学生态,实现学生原本难以实现的素养发展

(1)构架逼真的教学情境

科学学习以探究为主,探究就需要一个真实的情境,有的课堂上教师引导学生经历一个"真实的科学发现史"的过程;有的课堂是用图片或者材料模拟一个生活中会出现的情境,引出探究问题进入学习活动;还有的课堂是以任务驱动的方式,给学生一个"真实的任务"去完成,但完成过程中学生会遇到种种问题,其中包括科学问题。

但是我们站在学生角度看待这三种情况,面对的都是以图片、语言、道具(实验材料)来创设情境的方式,学生都知道这是教师教学的一种方式,他们难以融入情境中,最终有些课对学生吸引力不大,就成了"老师哄着学生学,学生陪着老师玩"的结局。

因此,我们可以尝试设计 VR,给学生提供沉浸式学习情境,让学生走进科学家经历的故事、让学生在虚拟的自然环境下真实地开展观察活动、让学生在特定场景下遇到实际的问题。

(2)实现多元的交互方式

学习过程是人与知识的对话,更是人与人的交互,学生需要不断输出自己的理解与他人交流,从而内化成认知。常态教学中这更多是语言表达与交流的过程。随着时代的发展,社会生活中的交流方式已经多元化,课堂上的交流应

与时俱进。

白板是凸显交互功能的技术，但 5G 时代，互联网技术下，是不是有更多的方式可以运用呢？ iPad 教学，学生可以随时在平台上交流，实验发现，随意点开某位同学的电子记录单，就可以了解他所做和所想；微信教学，更是实现双环境下的课堂推进，学生可以在教师组织下开展组内和组间的交流，更可以在微信中自由讨论。

5G+ 云计算支持下，VR 可以实现跨时空的交互，学习者可以在虚拟空间中看到他人真实的学习活动，甚至可以开展交流活动。我们不妨大胆地设计一个脚本，相信虚拟现实技术可以帮助我们实现这种全新的教学交互方式。

（3）实现常态教学难以实现的学习过程

除了创设一个可以沉浸的情境外，信息技术手段还应该实现常态教学难以实现的学习内容和过程方法。水蒸发一课中，学生面对黑板上的水变干这一现象，会有三类观点：一是渗进黑板里，二是跑到空气里，三是消失不存在。我们常态的探究活动往往只能证明水没有渗进黑板里，但很难用实证说明水到底是进入空气里，还是消失不存在，因此，使用传感器中的湿敏仪器可以测出空气湿度的变化，解决学生探究中难以逾越的坎。

虚拟现实技术则有更大的空间帮助学生观察原本观察不了的情境和现象。如动物的食性有三种：植食、肉食和杂食，它们的牙齿也有不一样的特点，但不同的牙齿的作用学生只能去推测，却难以观察其实际生活中对食物的处理过程，因为动物几乎都是闭着嘴咀嚼食物的。因此，我们可以用虚拟现实技术制作出动物咀嚼食物的情境，学生戴上头显就可以从口腔内部进行观察。

其实，除了难以观察到的内容可以借助虚拟现实技术，一些具有危险性、可遇不可求的现象等都十分需要借助虚拟现实技术的介入。我们可以分析课程，选择适合的内容开展教学设计。

（4）5G 云计算实现全员评价与反馈

面对全体学生开展教学是基本要求，但是面对几十名学生的班额，其实我们很难方方面面都实现面向全体学生。但是在 5G 云计算的时代，是不是会有不一样的教学生态落实这一基本要求呢？

我们可以在教室不同位置安装摄像头，保证学生不管做着什么事情，身体处于什么姿势，都会有摄像头拍到他的面部表情。只要我们对学生的面部表情做行为编码，通过云端分析并实时给老师每一位学生学习状态的反馈信息，是不是有助于教师更好地针对学生调整教学呢？

其实，只要教师能够善于剖析课堂问题，就会有改进教学的需要，而这一切都源于学生素养的发展，因此，我们需要在信息技术使能作用下设计并实施教学。下面就针对性地介绍，如何开展虚拟现实环境下的教学设计。

2.3　基于虚拟现实技术在教学中的价值取向设计教学

实现技术使能价值，构建新的教学生态，我们对虚拟现实技术的运用会体现在方方面面，且形式多样，但根据现今多数学校现有条件和教师能力水平，我们重点利用虚拟现实技术开展三个方面的设计。

1. 创设情境，促使学生沉浸在学习之中

情境教学是科学课堂必有的教学策略，然而一些内容原本深受学生喜爱，但是因为距离学生比较远，情境创设对于学生而言并不真实，因此使他们学习兴趣降低，教学质量受到影响。通过梳理大概有以下一些情况，并通过虚拟现实技术加以解决，开展更受学生喜爱的教学设计。

（1）不复存在的情境

不复存在的情境主要是指另一时间的情境，即与学生现实生活的情境相差较远的过去或未来。比如：恐龙时代，未来人工智能时代等。学生很难从已有认知迁移到这些概念知识的学习。之前我们常用一些视频、图片来引导学生，但是如果利用虚拟现实技术，让学生身临其境，能够迅速调动学生的学习兴趣，让他们观察得更细致，帮助学生理解和学习。

如课标有"生物的遗传变异和环境因素的共同作用导致了生物的进化"的学习内容，还要求学生描述和比较灭绝生物与当今某些生物的相似之处。这对于学生来说，开展学习难度就很大，首先学生的学习资源只能是拿化石图片资源与现代动物进行比较。本来就观察不到的灭绝物种，却只能通过化石图片想象其复原样子，再进行比较，抽象程度大且思维转换多。老师可以设计"一起去穿越"活动，学生佩戴 VR 头显，在虚拟现实技术下观察大象和铲齿象，鸽子和孔子鸟，以及它们的生活习性与生活环境等，并思考它们之间会有怎样的关系等。

在"古代黑科技：榫卯"一课案例中就有此方面的设计体现。虽然榫卯结构的建筑身边有很多，榫卯玩具很多孩子也玩过，但其实我们很难看到建造一个榫卯结构的建筑物的过程。本课案例教师就让学生在虚拟现实情境里不仅可

以观察榫卯结构，更可以亲眼看见古人建造榫卯结构的保和殿的过程，其对学生触动很大。感受先人的辛苦与智慧，这远比对榫卯结构进行分析的教育意义更大。

（2）难以到达的情境

难以到达的情境主要是指另一空间的情境，比如我们受地域、地理等条件，学生无法到达或亲临体会的知识内容，比如沙漠、雪山、宇宙等。利用虚拟现实技术，我们可以开展跨时空跨地域的学习。

以"探索太阳系"一课为例，本课对应课标第9个核心概念，知道太阳系有八颗行星，太阳是一颗恒星，是太阳系的中心天体，描述太阳系八颗行星在太阳系中的相对位置等。学生对宇宙的探索欲是非常强的，但是他们的欲望是进入宇宙去观察，而不满足于图片和文字，因此本课案例就通过虚拟现实技术实现学生驾驶飞船飞入太空，通过自己的"操纵"，"飞向"他们感兴趣的星球，获取数据资料，还可以在更远的视角观察太阳系的家族成员和他们的排布基本规律。学生能发现每个行星的颜色不同、表面组成也存在差异，哪些行星外侧有光环，哪些行星有自己的卫星等。

又如"探秘火箭发射"一课，绝大多数的学生一生都不会有机会在现场亲眼看见火箭发射过程，更不会有机会走进火箭观察其结构，了解发射过程中每个环节做的工作，因此这节课例也凸显了虚拟现实技术的作用。

（3）难以模拟的情境

难以模拟的情境主要是指一些灾害情境和较大范围的运动场景。日常生活中我们很难模拟这类情境，比如地壳运动中的地震、火山喷发，地壳板块运动等。沉浸式虚拟现实技术能够呈现虚拟灾害的情境，让学生直观感受灾害产生的原因、造成的危害，并学会在灾害情境下的自我保护。

"闪电与避雷针"一课通过模拟自然界中"树被雷击中"的场景，帮助学生更好地浸入情境，拉近与所学内容的距离。VR沉浸式教学的最大优势是让学生获得立体感知，极大地激发学生的学习动机，使学生通过观察、操作等学习行为获得"如何避雷"的具体经验。

（4）难以观测的情境

难以观测的情境主要是指生活中难以用肉眼观察到或观测准的情境，例如在显微镜下观察的细胞结构、分子原子等，以及关于器官内部的位置、构造、运作等内容。平时授课时一般老师会使用图片、视频，但是都过于平面，有些学生很难马上接受，需要不断联系或很长时间的具象过程才能理解。虚拟现实技术可以呈现微生物以及器官或组织内部的结构和环境等，不仅可以帮助学生们快速掌握知识，而且更具趣味性。

如"认识脑的结构"一课，常规教学都是采用绘制的图片进行观察学习，形式单调不吸引学生。而设计 VR 资源，学生借助虚拟现实技术则可"走进人脑"，由外到内，多角度、多层次对其进行观察。首先，学生整体观察脑的形状和颜色，并在教师指引下观察并认识到大脑皮层褶皱其实增加了大脑的表面积，从而思考大脑的功能。然后通过操作，学生能够自主地搜索资料，由外到内了解脑的结构和功能。"人体血管漫游"一课也是同类内容，学生如同一滴血液，在血管中漫游，进行探秘，教学效果非常理想。

2. 激发思维，引导学生走向更深度的学习

科学思维是学科核心素养之一，开展探究实践、构建科学概念都离不开科学思维的作用，因此教学中我们也应该努力发展学生的科学思维。但由于思维是学生内在的活动，只能通过学生的言语、记录、活动等进行分析，也是教学中一项难点。因此，虚拟现实技术如果能很好的可视化学生的思维，就会对学生自己的认识、同学间的交流理解，以及教师对学生的评价反馈有积极作用。因此，利用虚拟现实技术进行教学设计应该努力实现学生思维的可视化效果。

（1）概念构建过程中的思维可视化

概念构建的过程需要学生对自己认知结构进行调整重组再补充的过程，因此需要教师在教学中了解学生已有的认知水平，并在此基础上推进教学，实现学生概念意义的构建。因此，教师的教学中需要设计暴露学生已有认知的环节，并组织学生间的交流，在碰撞中聚焦问题，而后在解决问题过程中，不断评价学生概念构建的过程，最终完成教学任务。

如"日食的成因"一课其中一个重要学习内容就是认识日食的成因。源于生活经验和课外学习，学生头脑中对日食形成有自己的理解，且认知各不相同。但由于这个内容是宇宙空间下的天体运动，学生交流时仅用语言很难清晰描述出来。例如：学生会说月球围绕地球运转，但是转的角度和方向不易形容，这就给教学带来很大的困难。教师利用虚拟现实技术设计教学，让学生戴上 VR 头显自行操控手柄来调整虚拟世界里地球与月球的轨道形状、轨道倾斜角度等，将自己头脑中对日食成因的认知转换到虚拟情境中，学生通过 VR 画面便可汇报自己认知并清晰了解他人观点。

而后的探究学习中，学生通过教师提供的数据、实景照片等作为证据支撑，不断调整自己的认知，推理新的模型。而他们的认知模型都在发生哪些变化，教师仍然可通过 VR 来可视化。学生也随时在 VR 画面中进行思维碰撞，最终达成共识，构建了一个正确的日、地、月三球运转的模型，以呈现日食的成因。

本书中"探索太阳系""蚂蚁的通讯"两篇案例也同样实现了学生学习中认知、思维的可视化。

（2）观念应用过程中的思维可视化

科学课程通过探究构建概念，逐渐形成科学观念，观念的形成是为了应用，解决生活中实际问题，设计运用科学观念开展实践的课程将学生的学习引向技术工程领域。

"磁悬浮列车"一课涉及比较前沿的科技领域，但是其基本原理并不难理解。学生在低年级时候研究过磁铁，认识磁铁具有两极，且同极相斥、异极相吸；中高年级段时候做过电磁铁，认识能量的转换。本节课教师就是为学生提供一个运用已学知识，指导自己开展技术工程领域设计与制作的活动。学生在虚拟空间中，首先观摩教师演示的磁力小火车，并推理磁悬浮列车的运行原理，而后就是在虚拟空间下组装磁悬浮列车，这个活动呈现出学生运用科学知识开展设计的过程，检验了曾经学习的质量，又反映出学生通过观察、分析进行组装的技术思维与推理论证的科学思维过程。虽然活动综合性很强，但是虚拟现实技术记录了学生所有思考的轨迹，为教师开展指导和学生自我反思提供支撑。

"湿地鸟类多样性调查"一课也同样运用学生已经建立的"生物与环境之间的关系"认知开展调查活动，他们会在虚拟情境下通过观察分析并了解浅水区鸟类的身体特征，基于已有认知去推理深水区鸟类的特征，而他们的推理过程、认知发展都基于虚拟现实技术清晰呈现。

3. 突破难点，实现学生素养全面的发展

学生的学习就是在已有水平下获得新的发展。不同的内容、不同的方法、不同的过程等，都会使学生的学习遇到不同的困难，因此，教师的教学要关联教学内容与学生进行分析，找准难点，并寻求突破。然而，一些难点在传统教学方式下也很难找到很好的解决策略，虚拟现实技术在某些难点的解决上，就凸显了优势。

当然，实践中教师面临的教学难点有的源于基于内容创设情境上，前面已经谈过；还有的是如何调动学生思维达成目标上，前面也已经呈现案例；还有的难点是在现象的观察上、证据的获取上，下面就结合虚拟现实技术探究如何突破这类教学难点。

（1）实现观察的虚拟现实技术

观察是科学学习必不可少的活动之一，学生通过观察认识现象，通过观察获取证据，通过观察发展思维，但是一些实验现象可能因为过于微观、抽象、隐蔽等，造成学生难以真正获得直接的观察，这就影响了学生的科学学习。面对这样的内容，教师有时采取放大法、转换法或者模拟实验去解决，然而，在虚拟现实技术下，我们不妨开展虚拟观察的实验设计。

"酸雨对生物的影响"课例涉及的实验需做大量实验准备工作，且实验耗时较长，通常需要一周左右才能观察到现象、得到结论，不利于课堂教学的组织，学生不能在当堂课完成对酸雨对生物影响的知识构建，过长的等待时间会降低学生的探究欲望，让学生的探索热情大打折扣。虚拟实验不受时间和空间束缚，极大地提高了学生开展实验探究的自由度，学生能自行设置观测时间，观察近 6 天内种子的萌发和生长情况，实验现象可即时显现，有效突破教学难点。

"根的什么部位生长最快""探秘光合作用"两个课例也同样存在这样的时间问题，且现象隐蔽或者微观，因此同样借助虚拟现实技术开展教学设计，实现学生的观察活动，完成探究学习。

（2）实现证据获取的虚拟现实技术

在生命领域开展探究活动会遇到更多的难点，比如从珍爱生命的角度出发，我们是否需要对活生生的小动物进行各种干预和观察呢？其实也是有不同声音的。因此，借助虚拟现实技术开展探究实验，学生虚拟地对小动物采取各种条件控制，并获得对应的结果，这是一个很好的学习设计。

"鱼的运动与呼吸"和"观察和饲养蚯蚓"两节课就是突出的例子。一节课需要观察鱼鳍对鱼运动的作用，曾经听说过有切除部分鱼鳍观察鱼的游动状况的例子，但近十几年已经完全杜绝了这样的操作，那如何探究鱼鳍的作用呢？教师和技术人员设计了 VR 资源，学生虚拟操作切除某部分鱼鳍进行观察，形成认知。另一节课观察蚯蚓的生活习性，虽然不会直接对蚯蚓造成身体伤害，但是反复实验后也将严重影响蚯蚓的健康，此外，受蚯蚓状态的影响，实验结果也可能不准确，因此也借助虚拟现实技术开展探究活动。本书中"观察家兔""蚂蚁的通讯"的内容也是这个专题的案例。

总之，信息时代的科学教育是崇尚学科理解、创造与实践的教育。每一个科学教师需要实现学科研究者与学生研究者两种角色的统一。每个学生则需要将学科学习转化为学科探究与创造，并由此发展核心素养。一切知识、技能的熟练都是学科探究与创造过程的副产品。本着"精准、个性、优化、协同、思维、创造"的原则，让教师能够施展高成效的教学方法，让学习者能够获得适宜的个性化学习服务和美好的发展体验，使其由不能变为可能，由小能变为大能，从而培养具有良好的人格品性、较强的行动能力、较好的思维品质、较深的创造潜能的人才。

第五篇

典型虚拟现实教学环境建设方案介绍

第 24 章

中小学虚拟现实功能教室建设方案及案例

中小学虚拟现实功能教室是融合了 VR、人工智能和 5G 等前沿科技的创新型功能教室，为中小学提供虚实融合的创新课程资源和情境式、体验式、探究式教学环境，打造生动、直观、形象的智慧课堂。

在虚拟现实功能教室中，学生可以一人一机进行个性化探究操作，也可以多人一机进行分组式协作学习。学校可以针对不同学段的教学需求，开展学科课程、科普教育课程以及素质拓展课程教学，创新教学方式，丰富学校课程体系，满足学生多样化发展需求（见图 24-1）。

图 24-1　虚拟现实功能教室建设效果图

24.1　建设内容

虚拟现实功能教室由 VR 学习设备、创新课程资源、VR 教学管理系统、VR 移动工作站以及教学辅助设备构成（见表 24-1）。虚拟现实功能教室建设内容，如图 24-2 所示。

表 24-1　虚拟现实功能教室配置清单

序号	设备或资源		单位	配置标准
1	VR 学习设备	六自由度 VR 一体机	套	2 人 1 套或 1 人 1 套。
		学生端 VR 学习空间系统		
2	VR 创新课程资源	小学 / 初中 / 高中学科课程	/	根据学校需求选择；安装到 VR 学习设备中。
		科普教育课程		
		素质拓展课程		
3	VR 教学管理系统	教师专用教学设备	套	每间教室 1 套。
		教师端 VR 教学管理系统		
4	VR 移动工作站	VR 充电消毒一体机	套	每间教室 1 套。
		无线网络设备		
		VR 画面投屏设备		
5	教学辅助设备	智慧大屏	/	可以新建，也可以复用学校现有设备。
		教师多媒体操作台		
		学生课桌椅		

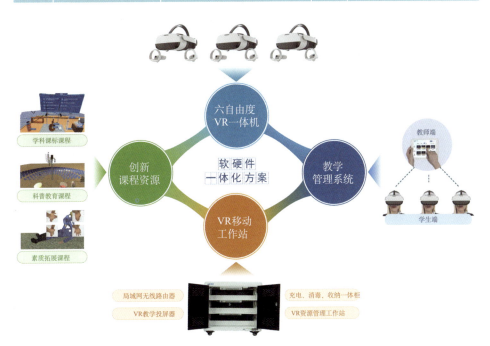

图 24-2　虚拟现实功能教室建设内容

24.1.1　VR 学习设备

VR 学习设备由支持互动操作的六自由度 VR 一体机（硬件）和学生端 VR 学习空间系统组成，如图 24-3 所示。

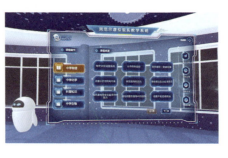

图 24-3　VR 学习设备

1. 六自由度 VR 一体机

六自由度 VR 一体机具备稳定高精度的头部和手部六自由度（6DoF）追踪定位功能，无须任何外部传感器，即可完成对头部和双手运动的追踪，提供全身心交互以及更加真实的沉浸感，学生可以轻松在虚拟世界中完成双手协同操作、空间位移、观察环境等相对复杂的真实动作。

六自由度 VR 一体机应该具备以下功能。

（1）强交互性：双手皆可交互操作物品，头、手、身体能精确操作配合。强交互性，全身心参与。

（2）高沉浸感：能够检测到由于身体移动带来的上下前后左右位移的变化，犹如置身"真实世界"。

（3）安全性：提供可透视周围真实环境的视频功能，学生能够通过头盔看到周围的环境。防止磕碰、摔倒，保障学生的安全。

2. 学生端 VR 学习空间系统

学生端 VR 学习空间系统是创新课程资源的入口，学生带上 VR 一体机设备，开机即可进入学生端 VR 学习空间系统。学生端 VR 学习空间系统具备以下功能。

（1）学生专用操作界面：提供学习专用界面，免除游戏、影视等非学习资源对学生的干扰。

（2）课程资源空间：学生可以自由选择课程主题，进行自主探究学习。

（3）课程资源管理：支持对创新课程资源进行统一管理。学生可以在同一个系统界面中浏览、选择 VR 课程资源，省去在不同界面、不同 VR 资源之间切换的麻烦。

（4）资源远程更新：支持 VR 课程资源拓展更新，学生可以通过 VR 学习系统更新课程资源。

24.1.2　创新课程资源

创新课程资源是虚拟现实功能教室的核心，涵盖课标课程、科普教育、素质拓展等课程资源，能够丰富学校课程体系，满足学生多样化发展需求。

创新课程资源是高度探究性的课程资源，学生可以自主探究、随意操作。它不是预先设定的固定场景或过程，也不是纯观看式、纯视频式的形式。创新课程资源建设要遵循以下原则。

（1）必要性：在课程内容选择和资源建设上要遵循"虚实结合，相互补充，能实不虚"的原则。

（2）高阶性（可探究性）：虚拟现实课程建设，不能是课本内容搬家，仅仅是知识内容可视化是不够的，要注重知识能力素质有机融合，培养学生解决复杂问题的综合能力和高级思维。

（3）创新性：教学方式要有创新性，通过虚实融合，切实增强实验教学的趣味性和吸引力；课程内容要有创新性，课程种类要多样化，满足学生多样化发展需求。

（4）融合性：加强实验教学与多学科融合教育。加强线上线下融合，要有开放性的平台，满足学生课前、课后在校外的学习。

（5）可评价：学习过程可评价。学生在虚拟现实教学环境中的学习过程可追踪、可评价。

24.1.3　VR 教学管理系统

VR 教学管理系统（见图 24-4）由教师专用教学设备（平板电脑或计算机）以及教师端 VR 教学管理系统（软件）组合构成。教师端 VR 教学管理系统具备如下功能。

图 24-4　VR 教学管理系统

（1）课程资源管理：教师能够管理学生 VR 学习设备中的课程资源；指定学生能够学习的资源；支持下载 VR 课程资源新版本，并控制更新到 VR 学习设备中。

（2）管理学习模式：指定学生 VR 学习设备的学习状态，学生在自由模式下可以自主选择课程资源，在受控模式下，只能打开教师指定的学习资源。

（3）管理 VR 设备：监控学生 VR 学习设备运行情况，监控其在线状态、佩戴状态、使用时长、电量状态等。

（4）VR 画面监控：教师可以观察学生的操作画面，并将其分享展示给其他学生；也能够将教师的操作演示，展示给全体学生。

（5）教学管理：帮助教师收集学生过程性操作信息，结合课程资源给出统计分析；教师能够指定学生进行分组，多人可以一同操作同一个课程资源。

24.1.4　VR 移动工作站

VR 移动工作站由 VR 设备充电消毒一体柜、局域网无线基站、VR 画面投屏设备构成。

（1）VR 设备充电消毒一体柜：提供 VR 设备收纳、消毒功能。一体柜具备移动功能，将 VR 设备收纳在一体柜中，可以将 VR 设备移动到不同的教室中。

（2）局域网无线基站：提供局域网组网功能，将 VR 学习设备与教师端 VR 教学管理系统连接在同一网络中，保障教学管理和设备流畅运行。

（3）VR 画面投屏设备：提供视频投放功能，教师可以通过 VR 画面投屏设备，将学生 VR 学习设备中的画面投屏展示到大屏幕上。

24.2　创新课程资源

24.2.1　科普教育创新课程资源

科普教育创新课程以"装备课程化，课程活动化"理念为指导，为教学提供多样化的科普主题活动，通过创设"知识原理""生活情境""科技前沿"相结合的教学情境，将学生带到现实中不可及、不可达、不可逆的环境中，培养学生综合运用知识解决真实情境问题的能力。

"科普教育创新课程资源"包括生态与环境、能量与生活、结构与机械、初探生命科学、探索太阳系等课程主题。

1. 生态与环境

"生态与环境"科普教育创新课程资源提供湿地、海底、鸟类、园艺等多种生态环境，让学生跨越时空，在不同的自然环境中，进行生态环境类调研学习。海洋生物多样性的探究如图 24-5 所示，园林作物生态如图 24-6 所示。

图 24-5　海洋生物多样性　　　　图 24-6　园林作物生态

2. 能量与生活

"能量与生活"科普教育创新课程资源提供光热发电站、磁悬浮列车、原子结构发现史等课程主题。塔式熔盐光热发电站如图 24-7 所示。合成纤维的生产与应用如图 24-8 所示

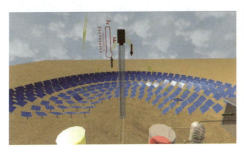

图 24-7　塔式熔盐光热发电站　　　图 24-8　合成纤维的生产与应用

3. 结构与机械

"结构与机械"科普教育创新课程资源提供多种结构和机械拆装主题，学生能够了解中国古建筑重要的构件"榫卯"，也能够通过飞机拆装、汽车拆装课程，了解飞机前轮、汽车的组成结构。飞机前轮拆装如图 24-9 所示。"榫卯"结构如图 24-10 所示。

图 24-9　飞机前轮拆装

图 24-10　"榫卯"结构

4. 初探生命科学

生命科学是探索生命现象和生命活动规律的科学，较为抽象，"生命科学"创新课程资源能够更形象地展现生物新陈代谢、遗传、刺激反应等特征，让学生领略生命科学的无穷奥妙。细胞核结构如图 24-11 所示。人体结构如图 24-12 所示。

图 24-11　细胞核结构

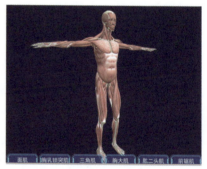

图 24-12　人体结构

5. 探索太阳系

"探索太阳系"创新课程资源提供日食成因、月食成因等模块。学生可以研究日食和月食相关知识，学习了解宇宙。木星相关知识如图 24-13 所示。地球相关知识如图 24-14 所示。

图 24-13　认识木星

图 24-14　认识地球

24.2.2　中学物理创新课程资源

在物理的日常教学中，因为时间、器材等条件有限，学生观察教师演示多，动手操作少，实验过程条条框框多。通过 VR 可以做到学生主动参与、自主设计，例如在虚拟现实电学课程中，学生能够自由搭建电路，大胆尝试，激发探究欲望。

"中学物理"创新课程资源提供了力学、热学、电学、声学、光学、电磁学多个模块的探究课程资源，能够直观地展示微观和宏观的物理现象及实验原理，涵盖初中常用物理器材和精密仪器，支持学生自由搭建，自主探究试错，使他们在操作中掌握每种器材、仪器的正确操作办法、实验步骤及实验原理等，极大地增强物理实验教学的趣味性和吸引力，从而提高实验教学质量和效果。

24.2.3　中学化学创新课程资源

化学课程中凡涉及有毒气体、有腐蚀性试剂的使用，为避免危害学生的安全，学校不便让学生直接操作。通过 VR 课程，学生能够自主探究、加深对知识点的理解，因错误虚拟操作引发的试管炸裂实际不会伤人。

"中学化学"创新课程资源采用 VR 技术让学生身临其境地观察实验，大胆假设、随意试错，使学生真正地对实验提升兴趣，从而加深对知识点的理解。它为学生直观地展示实验的宏观和微观世界，学生可以直观地观察实验现象和实验结果。学生能够大胆地验证自己的想法，而不受限于特定的实验室环境和器材。

24.2.4　中学生物创新课程资源

生物课程由于天气、时间、动物习性等不可控因素，学生实地观察的效果无法保证。VR 可以让学生跨越时空，化身为捕食者参与生物进化的过程，身临其境探索自然的奥秘。

"中学生物"创新课程资源可还原各类自然场景，为学生直观地展示生物实验的宏观和情境世界。学生通过手柄进行交互操作，开展实验，通过 VR 头盔完全沉浸在虚拟实验情境中，完美呈现一些因时空限制在现实世界中无法观察和控制的事物和现象、变化太快或太慢的过程，极大地激发学生的学习兴趣，培养学生自主探究能力，提高生物实验教学质量和效果。

24.2.5　素质拓展创新课程资源

"素质拓展"创新课程资源通过虚实结合技术为学生创建多种课外拓展课程的环境和资源，包括心理健康辅导、安全教育、体育运动、传统文化教育、绘画与艺术设计、红色党建教育等课程资源。

1．"心理健康辅导" VR 课程资源

"心理健康辅导" VR 课程资源让学生在虚拟现实的世界有身临其境的感受，愉悦身心，释放压力，更加放松地展现自我。通过这些 VR 体验课程，教师可以深入地了解学生的心理状态和情绪状态。

"心理健康辅导" VR 课程资源（部分）	
心理疏导	VR 沙盘游戏心理学拓展训练实训软件
	VR 迷宫冒险心理学拓展训练体验软件
能力培养	公众演讲焦虑 VR 体验系统
脱敏训练	基于暴露法的动物恐惧体验软件
	基于高空断桥任务的心理学拓展体验软件

2．"校园安全教育" VR 课程资源

"校园安全教育" VR 课程资源可以让学生置身于灾害现场，感受灾害，让学生了解发生安全险情时如何自救，锻炼学生遇到应急事件时的处理能力，提升求生技能，达到安全教育的效果。

"校园安全教育" VR 课程资源（部分）	
逃生训练	火灾逃生（校园场景）体验
	VR 地震仿真训练体验系统
灭火器使用训练	书房灭火
消防器材的认知与使用	消防器材认知
应急常识与急救技能	溺水急救应急处置

3."体育运动"VR课程资源

"体育运动"VR课程资源可以让学生在虚拟世界里学习和体验滑雪等受场地或受季节限制的运动，还可以让学生学习运动损伤之后的急救处理，充分了解这些运动的要领与注意事项。

"体育运动"VR课程资源（部分）	
滑雪教学VR	初级赛道滑雪教学
	中级赛道滑雪教学
	高级赛道滑雪教学
运动伤害及康复	骨折包扎
	伤员搬运

4."传统文化教育"VR课程资源

"传统文化教育"VR课程资源配备古诗词、古建筑认知、人文历史等VR创新课程，让学生坚定中华文化自信，培育具有中国心、民族魂、文化根和创新力的少年君子。

"传统文化教育"VR课程资源（部分）	
中华古建筑	认识故宫箭亭
	认识真武阁
	认识应县木塔
中华传统礼仪	朝堂礼仪
	古人生活中的礼仪

5."红色教育"VR课程资源

"红色教育"VR课程资源让学生自小接受爱国主义教育和革命传统教育，树立正确的道德观、价值观、责任感和使命感，让其在学习中传承革命精神并发扬光大。

"红色教育"VR课程资源（部分）
党史馆
新中国史馆
社会主义发展史馆
改革开放史馆
中国共产党创建历史纪念馆

6. "绘画与艺术设计" VR 课程资源

"绘画及艺术设计" VR 课程资源给学生提供了身临其境般的学习体验，带领学生穿越时空，感受大师艺术创作时的意境，学生可以自由进行艺术创作。

"绘画及艺术设计"课程资源（部分）
凡·高的梦境
罗纳河上的星夜
数字艺术展厅设计
创意思维训练拓展
草间弥生的艺术

24.3 应用案例

虚拟现实功能教室有以下四种常见的部署形式，学校根据具体情况选择部署地点。

（1）学校可以新建专用虚拟现实功能教室。

（2）将实物实验室与虚拟现实功能教室融合部署。

（3）在现有的普通教室中部署 VR 学习设备，将普通教室改造成虚拟现实功能教室。

（4）在创客活动教室或数字探究实验室等功能教室中部署 VR 学习设备，将功能室改造成多学科应用的虚拟现实功能教室。

24.3.1　新建虚拟现实功能教室案例

保定市某小学是一所新建校，学校领导对于教育信息化非常重视，倡导以探究式学习为主的多样化学习方式，促进学生主动探究。学校领导和教师对于新建的虚拟现实功能教室（见图 24-15）非常认可，虚拟现实功能教室能够突出创设学习环境，为学生提供更多自主选择的学习空间和充分的探究式学习机会。

图 24-15　新建虚拟现实功能教室

1. 项目建设内容

（1）课程资源：小学科学 VR 课程资源、科普教育 VR 课程资源和安全教育 VR 课程资源。

（2）VR 学习设备：24 套。

（3）VR 教学管理系统：1 套，配教师用 Pad 1 台。

（4）VR 移动工作站：VR 充电消毒柜 1 台、无线路由器和 VR 画面投屏设备各 1 套。

（5）教学辅助设备：智慧黑板 1 台、教师多媒体操作台 1 套、学生六边形座椅 8 套以及教室特色装修。

2. 项目应用反馈

学校充分认可这些场景式、体验式、互动式、探究式科普教育实践活动，这满足了小学阶段的素质教学需求，加强学生科技教育，培养学生科学兴趣、创新意识和创新能力。

24.3.2　虚拟现实功能教室与实物实验室融合部署案例

杭州市某初中对 VR 技术推动课堂教学变革的价值充分认可：①对学校进行高起点、高标准、多样化、特色化建设形成助推力；②促进学生多方面发展，满足不同潜质学生的发展需求，多途径实现对探索发现和创新能力人才的培养。教育局组织信息化专家进行论证评审，对实物实验室与虚拟现实功能教室融合部署（见图 24-16）的意义以及后续的应用价值给予了肯定。

图 24-16　实物实验室与虚拟现实功能教室融合部署

1. 项目建设内容

（1）课程资源：中学物理 VR 课程资源、中学化学 VR 课程资源、中学生物 VR 课程资源。

（2）VR 学习设备：理化生实验室 3 间，每间 24 套，共 72 套。

（3）VR 教学管理系统：3 套，各配教师用 Pad 1 台。

（4）VR 移动工作站：VR 充电消毒柜 3 台、无线路由器和 VR 画面投屏设备各 3 套。

（5）教学辅助设备：每间教室各配备智慧黑板 1 台、教师多媒体操作台 1 套、学生六边形座椅 4 套以及教室特色装修。

2. 项目应用反馈

学科教师体验后，对创新课程资源的高清画质、高沉浸性、高互动性以及系统稳定性给予了高度的评价及认可。学校对 VR 在学科教学中的应用价值以及"虚实结合"的教学模式充分认可。在虚拟现实功能教室中，师生可以观察因受时空限制而在现实世界中无法观察和控制的事物和现象、变化太快或太慢的过程，还可以开展有危险性、破坏性和对环境有危害的实验。

24.3.3　在普通教室中部署虚拟现实功能教室案例

秦皇岛某小学在普通教室中部署虚拟现实功能教室（见图 24-17），进行小学科学创新课程教学。

图 24-17　在普通教室中部署虚拟现实功能教室

1. 项目建设内容

（1）课程资源：科普教育 VR 课程资源、小学科学 VR 课程资源。

（2）VR 学习设备：24 套。

（3）VR 教学管理系统：1 套，配教师用 Pad 1 台。

（4）VR 移动工作站：VR 充电消毒柜 1 台、无线路由器和 VR 画面投屏设备各 1 套。

2. 项目应用反馈

学校对虚拟现实功能教室的移动性特点非常认可，VR 学习设备可以收纳入 VR 移动工作站，在普通教室中使用。教师和学生对科普教育主题活动非常满意，这些探究式科普教育实践活动加强了科技教育，有利于培养学生科学兴趣、创新意识和创新能力。

24.3.4　在科技活动教室中部署虚拟现实功能教室案例

北京某小学开展科普教育 VR 创新课程。学校在现有的科技活动教室中部署虚拟现实功能教室（见图 24-18），不使用 VR 学习设备的时候将设备收入 VR 移动工作站，方便管理和存储。

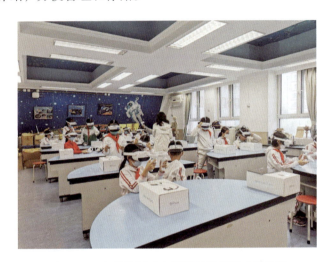

图 24-18　在科技活动室部署虚拟现实功能教室

1. 项目建设内容

（1）课程资源：科普教育 VR 课程资源。

（2）VR 学习设备：24 套。

（3）VR 教学管理系统：1 套，配教师用 Pad 1 台。

（4）VR 移动工作站：VR 充电消毒柜 1 台、无线路由器和 VR 画面投屏设备各 1 套。

2. 项目应用反馈

这些多样化的科普主题活动为学生提供"知识原理""生活情境""科技前沿"相结合的多情境教学模式，将学生带到现实中不可及、不可逆的环境中，让学生身临其境地探索求知、亲身感悟，提升了他们的观察能力、创造性思维能力和团队合作能力。

后　记

　　本套丛书是教育部发展规划司专项课题"滇西中小学实验教学信息化实践"、全国教育科学"十三五"规划课题"基于现代教育装备的教育教学协同创新应用研究"的研究成果，凝聚了众多研究人员的智慧与经验。丛书的出版发行只是表明一个阶段性成果的汇集和整理，丛书中的案例供广大教师在教学实践中借鉴和参考。

　　参与本册编写的人员及各章分工：张敏（第1章），路虹剑（第2章），王澎（第3章），曹笑尘（第4章），周亚亚（第5章），武炎（第6章），樊淑芳（第7章），邓然（第8章），王思源（第9章），华芮萱（第10章），张晶辰（第11章），刘阳（第12章），高楠楠（第13章），吴潇波（第14章），尚佳莹（第15章），赵茜（第16章），张婷昱（第17章），刘玥（第18章），高满（第19章），张莉（第20章），王子祺（第21章），刘婷（第22章），安琪（第23章），谷文忠（第24章）。由张敏、路虹剑和王澎负责统稿。